▶▶ 外研社·供高等学校日语专业使用

新经典日本语

会话教程 第二册

第三版

总主编／于 飞
主 审／修 刚 陈 岩 石川守［日］
主 编／吕 萍 于 飞 王 猛

外语教学与研究出版社
北京

图书在版编目（CIP）数据

新经典日本语会话教程. 第二册 / 吕萍，于飞，王猛主编. -- 3 版. -- 北京：外语教学与研究出版社，2024.3
（新经典日本语 / 于飞总主编）
ISBN 978-7-5213-5121-7

Ⅰ. ①新… Ⅱ. ①吕… ②于… ③王… Ⅲ. ①日语－口语－高等学校－教材 Ⅳ. ①H369.32

中国国家版本馆 CIP 数据核字 (2024) 第 052348 号

出 版 人　王　芳
项目策划　杜红坡
责任编辑　王晓晴
责任校对　庞梦溦
装帧设计　彩奇风
出版发行　外语教学与研究出版社
社　　址　北京市西三环北路 19 号（100089）
网　　址　https://www.fltrp.com
印　　刷　天津市光明印务有限公司
开　　本　880×1230　1/16
印　　张　16.5
版　　次　2024 年 3 月第 3 版 2024 年 3 月第 1 次印刷
书　　号　ISBN 978-7-5213-5121-7
定　　价　78.00 元

如有图书采购需求，图书内容或印刷装订等问题，侵权、盗版书籍等线索，请拨打以下电话或关注官方服务号：
客服电话：400 898 7008
官方服务号：微信搜索并关注公众号"外研社官方服务号"
外研社购书网址：https://fltrp.tmall.com

物料号：351210001

第三版序

近年来，随着我国现代化进程的持续深入与高等教育水平的不断提高，我国高等院校外语专业在人才培养模式、课程设置、教学内容、教学理念与教学方法等方面发生了很大变化。为了适应新时代的教学需求，在对全国不同类型院校日语专业教学现状进行调研的基础上，大连外国语大学和外语教学与研究出版社共同组织中日两国专家和一线教师，编写了"新经典日本语"系列教材。

本系列教材自出版以来，得到我国高等院校日语专业教师的广泛认可，受到使用院校的普遍好评。为了紧跟新时代日语教育发展的步伐，将党的二十大精神有机融入教材，落实立德树人根本任务，更好地服务于中国高等院校日语专业教学，全体编写人员一致认为有必要对本系列教材再次进行修订。为此，大连外国语大学组织60余名专业教师和9名日籍日语教育专家，在收集整理使用院校意见后，由主编统筹修订方案，专家审订修订内容，编写团队多轮反复修改，历时两年完成了本次修订。本次修订，我们重点对教材中解释说明部分的科学性、会话内容与现实生活的结合度、例句的典型性、练习的针对性、录音及情境图示的生动性等进行了深入的研讨，修改了学习目标、句型、注解、解析、导入、练习等板块中的部分内容，替换了非典型例句、与知识点不同步的练习题及不明确的提示图片等。

"新经典日本语"系列教材包括基础教程、听力教程、会话教程、阅读教程、写作教程、高级教程、口译教程、笔译教程，具有以下特色。

一、第三版的设计和编写兼顾两个标准。

依据《普通高等学校本科专业类教学质量国家标准（外国语言文学类）》《普通高等学校本科日语专业教学指南》的培养目标、培养规格（素质要求、知识要求、能力要求）以及课程体系的要求编写，将立德树人作为教育、教学的首要任务，专业课程与课程思政同向同行。同时，在日语能力培养方面参照《JF日语教育标准》（日本国际交流基金会），采用进阶式日语能力设计模式。此外，本系列教材还强调同一阶段不同课程间的横向衔接，重视不同课程在教学上的相互配合和知识互补，旨在解决不同课程在教学目标、教学内容、课时分配等方面因相对独立所形成的矛盾和冲突。本系列教材将日语专业学习分为基础阶段和高年级阶段。基础阶段"学习日语"，培养学生的日语学习能力与语言运用能力；高年级阶段"用日语学"，培养学生的跨文化交际能力、思辨能力与研究能力。

二、突显现代教育认知理论在教学中的指导性。

为使教材在教学中发挥更积极的作用，在编写和修订过程中，我们吸收和借鉴了现代外语教育中的先进理念。虽然日语听、说、读、写、译能力的培养目标和培养模式有所不同，但理论和实践证明：外语习得的过程必须符合学习者的认知规律才能取得良好的效果。因此，本系列教材是在认知理论的指导下，贯彻相应的教学理念，结合了不同课程的特点设计编写而成的。

三、强调"任务型教学法"在教学中的运用。

外语学习不仅是语言知识积累的过程，更是学习者根据学习体验进行归纳、假设、推论、演绎的过程。因此，本系列教材既重视学生在课堂教学中的参与度，也强调学生课下自主学习的重要性。教师不再仅仅是语言知识的传授者、解释者，也是学习环境的创建者、学习任务的设计者。

四、构建内容充实、形式多样的立体化教学服务体系。

本系列教材除纸质版教材、配套音频外，还依托"U校园智慧教学云平台"，提供了标准化、规范化的课件、教案、微课视频、示范课、题库等，助力打造智慧课堂。

最后，感谢外研社领导和各位编辑多年来的陪伴和支持，正是这种精益求精的匠人态度、力争上游的进取精神，才成就了"新经典日本语"系列教材。同时，感谢使用院校的各位老师和同学对"新经典日本语"系列教材的关注和支持，更感谢在教材修订过程中提出宝贵意见的各位同仁。我们希望通过本次修订，使"新经典日本语"系列教材能更好地为中国高等院校日语专业教学提供服务。

"新经典日本语"系列教材编委会

2024年3月

前 言

　　《新经典日本语会话教程（第三版）》是以高等院校零起点的日语专业学生为对象，以培养学生日语交际能力为目标的日语专业会话教材。《新经典日本语会话教程（第三版）》共4册，分别对应日语专业一、二年级的4个学期。

　　《新经典日本语会话教程（第三版）》在策划、编写过程中，始终以建构主义学习理论和现代教育的认知理论为基础。首先，建构主义学习理论强调用内因和外因相互作用的观点来研究学习者的认知发展，该理论认为学生是认知的主体，是信息加工的主体，也是意义的主动建构者。根据建构主义理论，在教材编写中，需注重教与学的双边性，不但要体现教师的指导作用，同时还要体现学生的主体地位。其次，现代教育的认知理论将教育目标从低到高分为6个不同的层次：知识层次、理解层次、应用层次、分析层次、综合层次和鉴赏层次。教师的课程目标是把教学和评估联系起来，要学生知道学什么、学完之后能够做什么。因此《新经典日本语会话教程（第三版）》的编写依据现代教育理论，遵循日语会话教学的规律，严格依据教学大纲编排学习内容，明确教学目标。

　　基于建构主义学习理论和现代教育的认知理论，《新经典日本语会话教程（第三版）》遵循先掌握基础知识，然后进行基本训练，再到实践训练，最后提高综合运用能力的日语口语教学规律，分为基础训练篇（第一、二册）、功能提高篇（第三、四册），分别满足从基础到中级不同程度的日语学习者的需要，并体现出教学过程循序渐进的特点。

　　第一册、第二册主要是以语法（「文法」シラバス）为纲，培养学习者的基础会话能力。本科一年级水平的日语学习者应该基本能流利地表述日期、星期、时间、数量，熟练地进行日语用言的基本变形（连用、可能、使役、被动等），较准确地使用已经学习过的日语授受表达方式、简单的敬语等。

　　第三册、第四册依据交际教学法的原理，以语言功能（「機能」シラバス）为纲，根据不同场景（「場面」シラバス）选择和组织材料，注重角色表演式的情景对话练习，旨在提高学生在实际生活场景中的交际能力，适合中级日语学习者使用。

　　《新经典日本语会话教程（第三版）》在编写设计上主要体现以下几个特点：

1. 在内容方面，教材的选材与学生的生活实际以及毕业后的社会需求密切结合，突出实用性。

2. 在教学理念方面，改变以阅读、日语语言知识输入为主的设计思路，向注重语言表达、重视交际能力培养的方向转变。

3. 在教学方式方面，改变以教师为中心、以知识讲授为主的授课模式，向以学生为中心、以教师指导为导向的自主化、个性化的课堂模式转变。

为更好地落实立德树人的根本任务，培养学生的交际能力，同时结合教材使用师生的意见反馈，第二册重点进行了如下调整：

1. 有机融入党的二十大精神的相关内容，教育学生树立正确的价值观。

2. "挑戦してみましょう"部分改为小组会话的形式，增加合作学习、自由会话的内容。

3. 修改不易识别的图片以及实用性较弱的会话，以便于学习者自主学习。

在编写过程中，我们借鉴和吸收了众家之长，形成了自己的创新理念，但囿于学识和经验，在教材设计编写中尚存在不足之处。我们诚挚地希望业界专家和兄弟院校不吝赐教，提出批评和建议，敦促我们不断改进，以使本套教材日臻完善。

《新经典日本语会话教程》编写组

2024年3月

使用说明 💡

教学安排

《新经典日本语会话教程第二册（第三版）》是日语专业一年级第二学期的会话课程用书。全书共16课（32学时），教师可按照一学期16周，每周1课，1课2学时的课时设计来安排教学，也可以根据学生的接受程度灵活安排。

每课由「ウォーミングアップ」「基礎会話」「応用練習」「挑戦してみましょう」这4部分组成。每个「基礎会話」有4—6个练习，每个「応用練習」有3个练习。「挑戦してみましょう」为自由会话。

教学建议

会话教程大量使用插图，希望学生结合插图的实际场景，理解句型的含义并熟练应用。为了方便教师更好地使用本教材进行日语教学，我们以第1课的内容为例，介绍各个模块的使用方法：

● ウォーミングアップ

该模块既可供学生课前学习，也可作为课堂热身环节，供教师在授课中使用。其中的单词大部分是"新经典日本语基础教程"系列（第三版）中学过的单词，课上可边听录音边跟读，通过声音记忆重要的单词。但该模块也会出现个别新单词，建议学生课前充分做好预习工作，学生在预习时可通过查阅工具书、利用网络资源等方式了解并掌握相关知识。

ウォーミングアップ 　授業の前に単語を聞いて覚えてください。

- 今晩、将来、10年前、5年前、7時、2年生、季節、海水浴、楽しみ、魅力、卒業、通訳、コック、サッカー選手、カメラマン、建物、町、幼稚園、キャンパス、電気、ガラス、ミルク、アイスクリーム、薬、外、髪、エアコン、気分、モチベーション、物価、交通、音、説明、気温、病気
- 割る、こぼす、汚す、消す、壊す、つける、片付ける、日焼けする、運動する、割れる、こぼれる、汚れる、消える、壊れる、できる、咲く、上がる、泳ぐ

● 基礎会話

　　该板块为一问一答练习，针对每个句型进行专项练习，达到从理解到应用的目的。教师的主要任务是组织、引导学生全程参与语言运用练习。首先让学生边看插图，边听录音，通过示例让学生加深对句型的理解。随后进入练习部分，教师可以播放录音，让学生边看插图边进行问答练习。除此之外，教师还可以对该部分进行拓展练习。

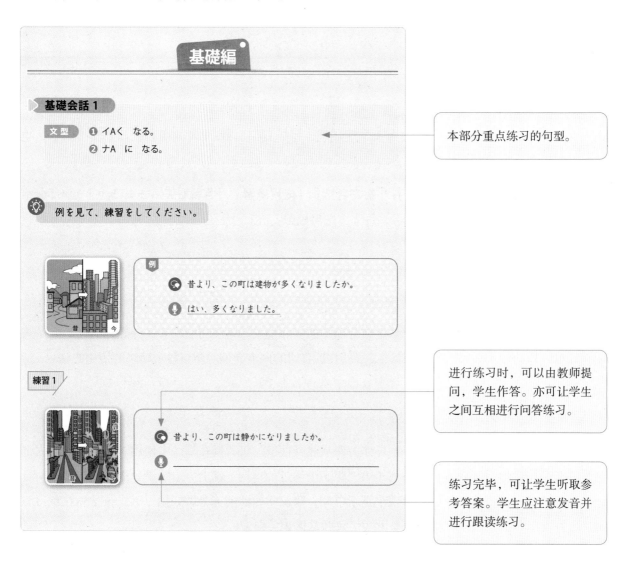

本部分重点练习的句型。

基礎編

基礎会話 1

文型　❶ イAく　なる。
　　　❷ ナA　に　なる。

例を見て、練習をしてください。

例
　🔊 昔より、この町は建物が多くなりましたか。
　🎤 はい、多くなりました。

練習 1

　🔊 昔より、この町は静かになりましたか。
　🎤 ＿＿＿＿＿＿＿＿＿＿＿＿＿＿＿

进行练习时，可以由教师提问，学生作答。亦可让学生之间互相进行问答练习。

练习完毕，可让学生听取参考答案。学生应注意发音并进行跟读练习。

● 応用練習

　　该板块为陈述练习，是对句型的综合运用。教师首先让学生边看插图，边听录音，通过示例让学生加深对句型的理解。随后进入练习部分，教师的主要任务是引导学生对插图信息进行描述。练习结束后可以让学生听参考答案进行核对，再让学生对答案进行复述练习。通过看图说话和复述练习，引导学生牢记句型、语法并且能够熟练应用。

进入练习之前的句型提示。

让学生在不断地描述、复述的练习中牢记句型并熟练运用。

● 挑戦してみましょう

　　该板块为自由会话练习，旨在让学生通过小组合作进行练习，自主设计会话场景，进一步掌握句型。教师首先需要了解小组活动的方案，并对学生进行分组，然后通过示例让学生理解小组活动的具体要求和任务。之后，学生以小组为单位编写会话并进行练习。最后，可以选择部分小组进行课堂展示，或让学生录制会话练习的视频并上传至学习平台。

挑戦してみましょう

活動の順番に沿って、また例に倣って、自由会話をしてみましょう。

> 该部分是小组活动的方案，①②③为小组活动的顺序。
>
> 教师应提示学生在编写会话时尽量使用本课的句型。

例 ① あなたが一番楽しみにしている季節はいつですか。その理由やその季節の魅力について、次の表に書いてください。

氏名	季節	理由や魅力
趙さん	春	花が咲く、きれいになる、勉強するモチベーションも上がる
上原さん	夏	海水浴ができる、夏休みがある
私		
（　　）さん		

② 上記の表に基づいて、会話を作ってください。

趙　　：暖かいですね。

上原：確かにそうですね。

趙　　：暑くも寒くもないから、散歩したくなりますね。

上原：趙さんは春が好きですか。

趙　　：はい。あちこち花が咲いて、周りがきれいになって、写真を撮りたくなります。勉強するモチベーションも上がりますね。

上原：趙さんは本当に春を楽しんでいますね。

趙　　：そうですね。じゃあ、上原さんが楽しみにしている季節はいつですか。

上原：そうですね…。やっぱり夏が一番好きです。暑くなりますが、海水浴ができます。海で泳ぐのが大好きなんです。

趙　　：え、そうですか。日焼するんじゃないですか。

上原：いや、平気ですよ。それに、何よりも夏休みがあるのがいいですね。夏休みは長いから、自分の好きなことができます。

趙　　：なるほど。上原さんは夏休みがあるから、夏が好きなんですね。

③ ②で作成したものをみんなの前で発表してください。

目 录

"新经典日本语"系列教材编写委员会

编委会顾问

刘利国

编委会主任

于 飞

编委会副主任

王 猛 刘晓华

编委（以汉语拼音为序）

安 月 白春阳 邴 胜 陈 丽 杜红坡（外研社）宫 伟 黄一峰

韩晓萍 何志勇 贺静彬 贺耀明 胡小春 李冠男 李妍妍 李 燕

刘 娜 刘晓华 刘 艳 罗米良 吕 萍 祁福鼎 时 代 宋 岩

苏君业 孙 妍 孙 昊 王 云 王 猛 王 昱 夏丽莉 肖 辉

徐二红 徐文智 颜晓冬 尹贞姬 于 飞 于永梅 赵 宏 张建伟

张 瑾 张士杰 张秀莹 张洪梅 张英春

第1課 冬休み

语法要点

① イA く なる。
② ナA に なる。
③ N を イA く する。
④ N を ナA に する。
⑤ N1 が N2 に なる。
⑥ 自動詞・他動詞

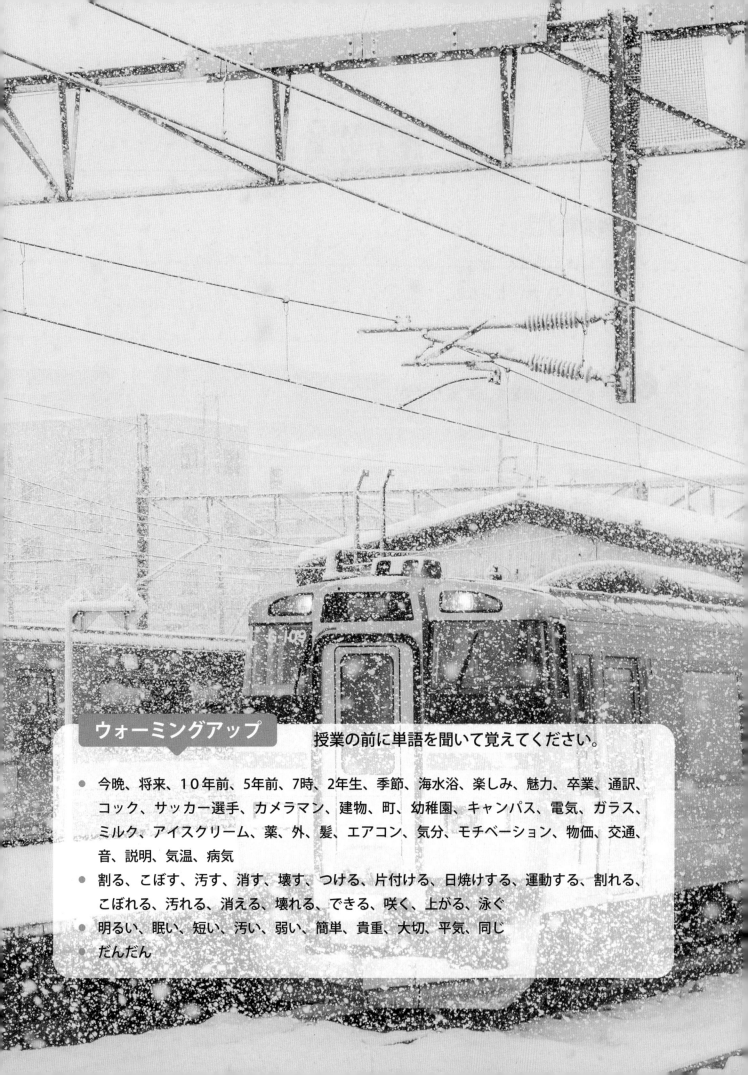

ウォーミングアップ

授業の前に単語を聞いて覚えてください。

- 今晩、将来、10年前、5年前、7時、2年生、季節、海水浴、楽しみ、魅力、卒業、通訳、コック、サッカー選手、カメラマン、建物、町、幼稚園、キャンパス、電気、ガラス、ミルク、アイスクリーム、薬、外、髪、エアコン、気分、モチベーション、物価、交通、音、説明、気温、病気
- 割る、こぼす、汚す、消す、壊す、つける、片付ける、日焼けする、運動する、割れる、こぼれる、汚れる、消える、壊れる、できる、咲く、上がる、泳ぐ
- 明るい、眠い、短い、汚い、弱い、簡単、貴重、大切、平気、同じ
- だんだん

基礎編

基礎会話1

文型　❶ イAく　なる。
　　　　❷ ナA　に　なる。

💡 例を見て、練習をしてください。

例

💬 昔より、この町は建物が多くなりましたか。

🎤 <u>はい、多くなりました。</u>

練習1

💬 昔より、この町は静かになりましたか。

🎤 ＿＿＿＿＿＿＿＿＿＿＿＿＿＿＿＿＿＿＿＿＿＿

練習2

🗨 10年前より、この公園はきれいになりましたか。

🎤 _____

練習3

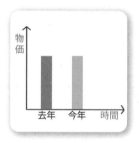

🗨 去年より、今年は物価が高くなりましたか。

🎤 _____

練習4

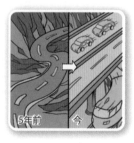

🗨 5年前より、ここは交通が便利になりましたか。

🎤 _____

基礎会話 2

文 型　❶ N を イA く　する。
❷ N を ナA に　する。

例を見て、練習をしてください。

> **例**
>
> 💬 ちょっと音が大きいですから、小さくしてください。
>
> 🎤 はい、分かりました。小さくします。

練習 1

> 💬 _____
>
> 🎤 _____

練習 2

18℃→26℃

> 💬 _____
>
> 🎤 _____

練習 3

練習 4

> ### 基礎会話 3

文型　N1　が　N2　に　なる。

例を見て、練習をしてください。

例

　子供の時、将来何になりたかったですか。

　サッカー選手になりたかったです。

練習 1

🗨 小学生の時、将来何になりたかったですか。

🎤 _____

練習 2

🗨 中学生の時、将来何になりたかったですか。

🎤 _____

練習 3

🗨 高校生の時、将来何になりたかったですか。

🎤 _____

練習4

💬 卒業後、何になりたいですか。

🎤 _____

基礎会話4

文 型 自動詞・他動詞

💡 例を見て、練習をしてください。

例

💬 あ、ガラスが割れていますよ。誰がガラスを割りましたか。

🎤 李さんがガラスを割りました。

練習1

💬 _____

🎤 _____

練習2

練習3

練習4

応用編

応用練習 1

文型 ❶ N1 が N2 に なる。　❷ イAく なる。　❸ ナA に なる。

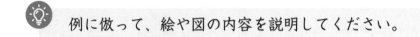

例に倣って、絵や図の内容を説明してください。

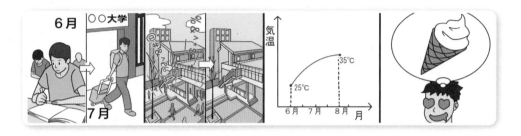

例

夏休みになりました。

キャンパスが静かになりました。

気温が上がって、だんだん暑くなりました。

アイスクリームが食べたくなりました。

練習 1

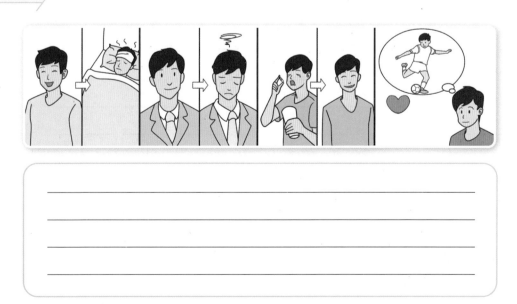

_____

_____

_____

_____

練習 2

7時（今）

_____

_____

_____

_____

練習 3

1年生　　2年生　　1年生の日本語の成績：60点　　2年生の成績：90点　　日本人の友達　　合格通知　日本○○大学大学院

_____

_____

_____

_____

応用練習2

 文型
① N1 が N2 に なる。　② イAく なる。
③ N を イAく する。　④ N を ナA に する。

 例に倣って、絵や図の内容を説明してください。

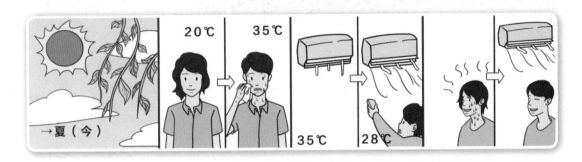

例

夏になりました。

暑くなったので、髪を短くしました。

エアコンをつけて、部屋を涼しくしました。

気分もよくなりました。

練習1

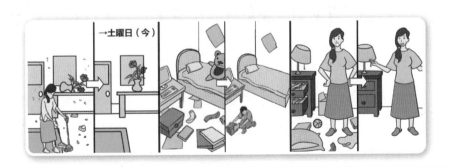

_____

_____

_____

_____

練習2

練習3

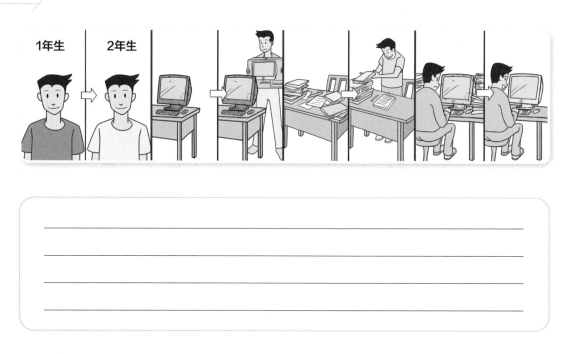

挑戦してみましょう

 活動の順番に沿って、また例に倣って、自由会話をしてみましょう。

例 ① あなたが一番楽しみにしている季節はいつですか。その理由やその季節の魅力について、次の表に書いてください。

氏名	季節	理由や魅力
趙さん	春	花が咲く、きれいになる、勉強するモチベーションも上がる
上原さん	夏	海水浴ができる、夏休みがある
私		
（　　）さん		

② 上記の表に基づいて、会話を作ってください。

趙　　：暖かいですね。

上原：確かにそうですね。

趙　　：暑くも寒くもないから、散歩したくなりますね。

上原：趙さんは春が好きですか。

趙　　：はい。あちこち花が咲いて、周りがきれいになって、写真を撮りたくなります。勉強するモチベーションも上がりますね。

上原：趙さんは本当に春を楽しんでいますね。

趙　　：そうですね。じゃあ、上原さんが楽しみにしている季節はいつですか。

上原：そうですね…。やっぱり夏が一番好きです。暑くなりますが、海水浴ができます。海で泳ぐのが大好きなんです。

趙　　：え、そうですか。日焼するんじゃないですか。

上原：いや、平気ですよ。それに、何よりも夏休みがあるのがいいですね。夏休みは長いから、自分の好きなことができます。

趙　　：なるほど。上原さんは夏休みがあるから、夏が好きなんですね。

③ ②で作成したものをみんなの前で発表してください。

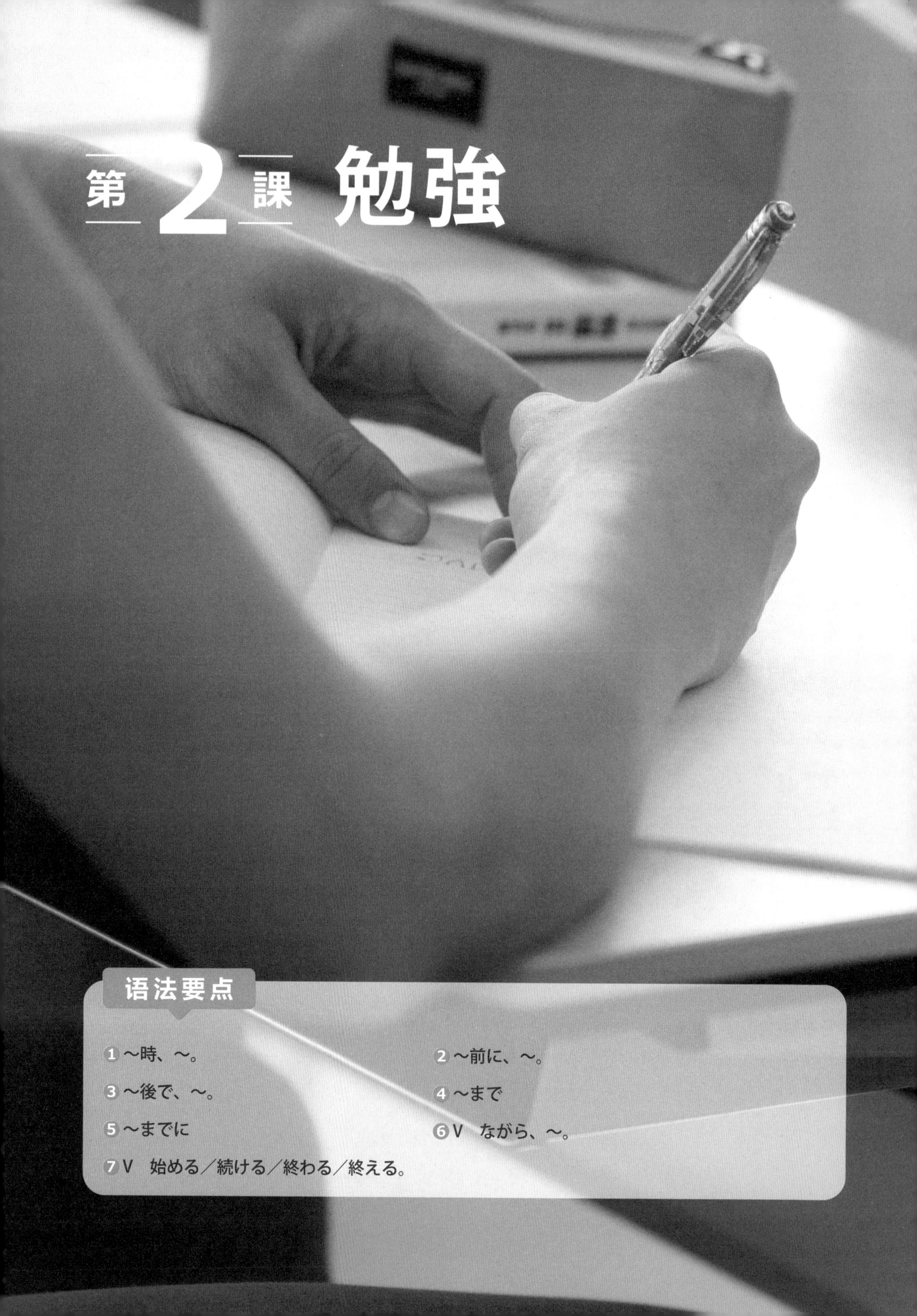

第 **2** 課 勉強

语法要点

① ～時、～。

② ～前に、～。

③ ～後で、～。

④ ～まで

⑤ ～までに

⑥ V ながら、～。

⑦ V 始める／続ける／終わる／終える。

ウォーミングアップ

>> 授業の前に単語を聞いて覚えてください。

- 来年、次の日、その後、3日前、3月、2時半、3時、5時、6時、8時、9時、10時、12時、13時、50分、2人、1000個、科目、数学、オレンジジュース、具、野菜、人参、鍋、プレゼント、おみやげ、鉢植え、レポート、会議、資料、パスポート、乗り方、薬、服、歯、誕生日パーティー、故郷、運動会、注意、習慣、準備運動、お見舞い、デート、シャワー、約束、ビデオ、ヒヤリング、シャドーイング、本文、内容、成績、勉強方法、録音
- 包む、返す、出す、贈る、覚える、浴びる、着替える、磨く、コピーする、メモする、予約する、予習する、運転する、試着する、始まる、終わる、歩く、急ぐ、休む、聞き取る、繰り返す
- 嫌い、暇、ちゃんと

基礎編

> **基礎会話 1**

文 型 〜時、〜。

 例を見て、練習をしてください。

> **例1**
>
> 💬 小学生の時、どんなスポーツが好きでしたか。
>
> 🎤 小学生の時、サッカーが好きでした。

> **例2**
>
> 💬 寒い時、何を食べますか。
>
> 🎤 鍋を食べます。

> **練習 1**

> 💬 ＿＿＿＿＿＿＿＿＿＿＿＿＿＿＿＿＿＿＿＿
>
> 🎤 ＿＿＿＿＿＿＿＿＿＿＿＿＿＿＿＿＿＿＿＿

練習 2

🗨
🎤

練習 3

🗨
🎤

練習 4

🗨
🎤

練習 5

涼しい

練習 6

5歳　×

▶ 基礎会話 2

文型　～前に、～。

例を見て、練習をしてください。

例

日本へ留学に行く前に、日本語を勉強しましたか。

はい、勉強しました。

練習 1

練習 2

練習 3

練習 4

基礎会話 3

文型　～後で、～。

例を見て、練習をしてください。

夜　　いつも

例

💬 晩ご飯を食べた後、いつも何をしますか。

🎤 晩ご飯を食べた後、いつも散歩します。

練習 1

試験

💬 _____

🎤 _____

練習 2

💬 _____

🎤 _____

練習 3

💬 _____

🎤 _____

練習 4

💬 _____

🎤 _____

▶ 基礎会話 4

文 型　❶ 〜まで

　　　　❷ 〜までに

💡 例を見て、練習をしてください。

例1

💬 いつまでにこの本を返さなければなりませんか。

🎤 今週の金曜日までにこの本を返さなければなりません。

例2

💬 何時まで宿題をしますか。

🎤 夜9時まで宿題をします。

練習1

💬 _____

🎤 _____

練習2

💬 _____

🎤 _____

練習3

💬 _____

🎤 _____

練習4

- 🗨 _____
- 🎤 _____

基礎会話5

文型　〜時、〜。

💡 例を見て、練習をしてください。

例

- 🗨 お見舞いに行く時、何か注意しなければならないことがありますか。
- 🎤 <u>はい、ありますよ。たとえば、鉢植えを贈ってはいけません。</u>

練習1

- 🗨 _____何か注意しなければならないことがありますか。
- 🎤 _____

練習 2

🗨 _____何か注意しなければならないことがありますか。

🎤 _____

練習 3

🗨 _____何か注意しなければならないことがありますか。

🎤 _____

練習 4

🗨 _____何か注意しなければならないことがありますか。

🎤 _____

応用編

応用練習 1

文型　　❶ 〜前に、〜。　　　❷ 〜後で、〜。　　　❸ Ｖ ながら、〜。

 例に倣って、絵や図の内容を説明してください。

例

私の朝の習慣です。

シャワーを浴びる前に、朝ご飯を作ります。

シャワーを浴びた後で、服を着替えます。

いつも新聞を読みながら、朝ご飯を食べます。

練習 1

私が散歩する時の習慣です。

_____

_____

_____

練習 2

私が服を買う時の習慣です。

_____

_____

_____

練習 3

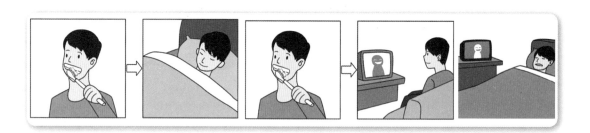

私が寝る前の習慣です。

_____

_____

_____

応用練習 2

文型　❶ 〜までに　　❷ 〜まで　　❸ Ｖ　始める／続ける／終わる／終える。

 例に倣って、絵や図の内容を説明してください。

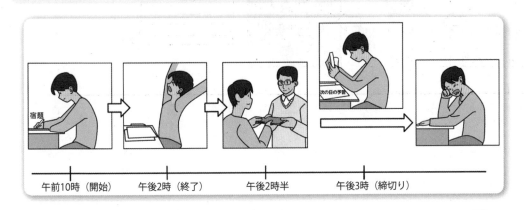

午前10時（開始）　　午後2時（終了）　　午後2時半　　午後3時（締切り）

例

> 宿題は午後３時までに出さなければなりませんでした。
>
> 私は午前10時に書き始めて、午後２時に書き終わりました。
>
> ２時半に先生に宿題を出しました。
>
> その後、眠くなるまで次の日の予習をしました。

練習 1

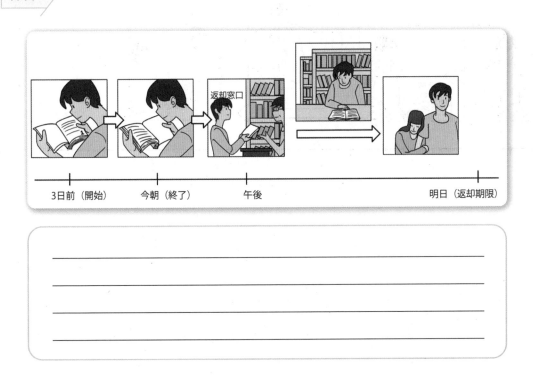

3日前（開始）　　今朝（終了）　　午後　　　　　明日（返却期限）

_____

_____

_____

_____

練習 2

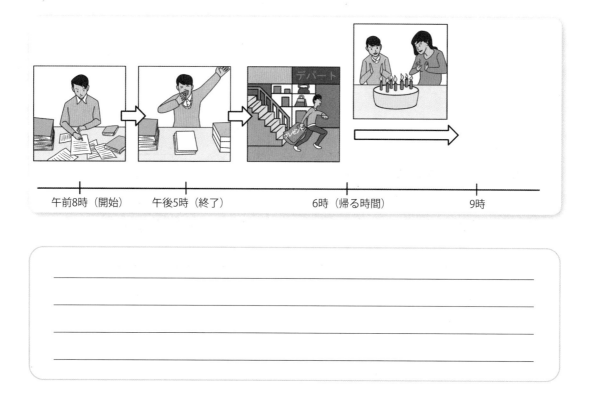

午前8時（開始）　　午後5時（終了）　　　　6時（帰る時間）　　　　9時

練習 3

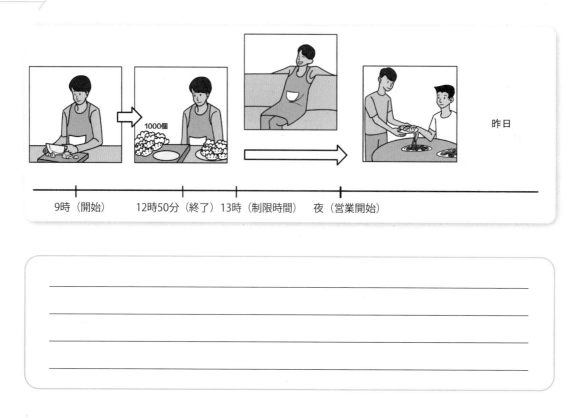

9時（開始）　　12時50分（終了）13時（制限時間）　夜（営業開始）　　　　昨日

挑戦してみましょう

 活動の順番に沿って、また例に倣って、自由会話をしてみましょう。

例 ① あなたの勉強の習慣を次の表に書いてください。

氏名	勉強の習慣
丁さん	授業の前に授業のビデオを見て、分からない所をメモして授業中先生の説明を聞く 授業の後で、授業中の内容を何回も復習する 聞き取れるまで繰り返して録音を聞く
私	
（　　）さん	
（　　）さん	

② 勉強の習慣について、会話を作ってください。

宋：また小テストがありますね。困りますね。

丁：どうしてですか。

宋：勉強しても成績があまり良くならないんです。

丁：そうですか。勉強方法に問題があるんじゃないですか。

宋：分かりませんが、丁さんはどうやって勉強していますか。

丁：そうですね。授業が始まる前に授業のビデオを見て、分からない所をメモして、授業中先生の説明をちゃんと聞きます。授業が終わった後で、授業中の内容を何回も復習します。

宋：すごいですね。習った内容は何回も復習するんですね。私もそうやってみます。

丁：あ、それから本文の内容は聞き取れるまで繰り返して録音を聞きます。そうすれば、ヒヤリングにもいいと思います。

宋：なるほど。私はヒヤリングを練習するとき、聞きながらシャドーイングします。

丁：それもいい方法ですね。一緒に頑張りましょう。

③ ②で作成したものをみんなの前で発表してください。

第 **3** 課 英会話

语法要点

1 V たばかりだ。   2 V （る・ている・た）ところだ。

3 N ばかり   4 V てばかりいる。

5 V う/ようとする。

ウォーミングアップ

≫ 授業の前に単語を聞いて覚えてください。

将来、半年前、この前、さっき、たった今、12月、6日、単語、論文、髪、空港、試合、飛行機、意見、考え、タバコ、世界、マンション、アメリカ文学、日本文化、経済、経済学、興味、中華料理、アルバイト、目標、スペイン語、資料、業界、就職

習う、始める、受ける、表す、切る、やめる、開く、覚える、探す、注意する、就職する、出かける、着く、乗る、遊ぶ、働く、集める、役立つ

得意、大切

基礎編

基礎会話 1

文型　V　たばかりだ。

 例を見て、練習をしてください。

例

いつこの単語を習いましたか。

月曜日に習ったばかりです。

練習 1

練習 2

練習 3

練習 4

基礎会話 2

文型　V（る・ている・た）ところだ。

 例を見て、練習をしてください。

例

💬 論文を書き終わりましたか。

🎤 いいえ、今書いているところです。

練習 1

💬 ＿＿＿＿＿＿＿＿＿＿＿＿＿＿＿＿＿＿＿

🎤 ＿＿＿＿＿＿＿＿＿＿＿＿＿＿＿＿＿＿＿

練習 2

💬 ＿＿＿＿＿＿＿＿＿＿＿＿＿＿＿＿＿＿＿

🎤 ＿＿＿＿＿＿＿＿＿＿＿＿＿＿＿＿＿＿＿

練習 3

練習 4

基礎会話 3

文型　❶ N　ばかり
　　　❷ V　てばかりいる。

例を見て、練習をしてください。

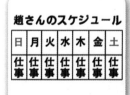
趙さんのスケジュール

日	月	火	水	木	金	土
	仕事	仕事	仕事	仕事	仕事	仕事

例

　趙さんは毎日仕事をしてばかりいて、全然休みません。

　そうですか。それはよくないですね。

練習1

私はそう思う。私は…と思う。それは違う！あなたが言ったことは違う！私はこう思う。

田中

💬 ＿＿＿＿＿＿＿＿＿＿＿＿＿＿＿＿＿＿＿＿

🎤 そうですか。それはよくないですね。

練習2

李さんのスケジュール							
日曜日	月曜日	火曜日	水曜日	木曜日	金曜日	土曜日	…
遊園地 勉強×	ゲーム 勉強×	サッカー 勉強×	ボーリング 勉強×	カラオケ 勉強×	映画 勉強×	動物園 勉強×	

💬 ＿＿＿＿＿＿＿＿＿＿＿＿＿＿＿＿＿＿＿＿

🎤 そうですか。それはよくないですね。

練習3

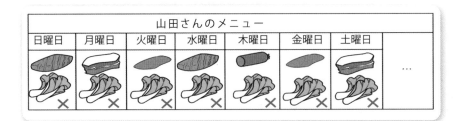

💬 ＿＿＿＿＿＿＿＿＿＿＿＿＿＿＿＿＿＿＿＿

🎤 そうですか。それはよくないですね。

練習4

💬 _____

🎤 そうですか。それはよくないですね。

基礎会話4

文型 V う/ようとする。

💡 例を見て、練習をしてください。

例

💬 <u>主人はタバコをやめようとしています。</u>

🎤 そうですか。いいですね。

練習1

💬 _____

🎤 そうですか。いいですね。

練習 2

🗨 _____

🎤 そうですか。いいですね。

練習 3

🗨 _____

🎤 そうですか。いいですね。

練習 4

🗨 _____

🎤 そうですか。いいですね。

応用編

応用練習1

文型 ❶ N　ばかり　　❷ V（る・ている・た）ところだ。

 例に倣って、絵や図の内容を説明してください。

例

日本文化に興味があるから、日本の
アニメばかり見ています。
今、日本のアニメを見ているところ
です。
日本語が得意になりました。
それで、将来、日本で就職するつも
りです。

練習1

_____

_____

_____

_____

_____

_____

練習 2

練習 3

応用練習 2

文 型
1. V　てばかりいる。
2. V　う/ようとする。

💡 例に倣って、絵や図の内容を説明してください。

例

父は仕事をしてばかりいます。
祖父は父に注意しました。
父は祖父に家族を大切にすると言いました。
最近、父は家で家族と一緒にいようとしています。

練習 1

_____

_____

_____

_____

_____

練習 2

_____

_____

_____

_____

_____

_____

練習 3

_____

_____

_____

_____

_____

_____

挑戦してみましょう

活動の順番に沿って、また例に倣って、自由会話をしてみましょう。

① あなたの今の目標は何ですか。その目標のために、やるべきこと、やっていること、やったことなどを次の表に書いてください。

氏名	目標	目標のためにやるべき・やっている・やったこと
王さん	スペイン語を話す	毎日スペイン語を勉強する 勉強の資料を集める スペイン語の映画を見たり、本を読んだり音楽を聞いたりする
私		
（　　）さん		

② 上記の表に基づいて、会話を作ってください。

陳：王さんは最近忙しいですか。

王：はい、ちょっと忙しいです。スペイン語を始めようと思っているので、勉強の資料を集めているんです。

陳：え、韓国語を習い始めたばかりじゃないですか。

王：そうですね。でも、卒業後ホテル業界で仕事をしようと思っているので、外国語をいくつか覚えたほうが就職に役立つだろうと思います。

陳：すごいですね。外国語を勉強するのに何かいい方法がありますか。

王：そうですね。毎日勉強することが一番大切だと思います。それから、その国の本を読んだり映画を見たりすることも必要です。

陳：じゃあ、王さんはこれからスペイン語の映画を見たり、音楽を聞いたりしようとしているんですね。

王：はい、そうするつもりです。

陳：王さんってえらいですね。目標がはっきりしていて。

③ ②で作成したものをみんなの前で発表してください。

第4課 小テスト

语法要点

1. V ておく。
2. V てある。
3. ～しか ～ない。
4. N1 という N2
5. V てしまう。
6. ～がる。

ウォーミングアップ

>> 授業の前に単語を聞いて覚えてください。

- 今まで、今年、年末、今週、先週末、先日、1か月前、3年、30分、3つ、1人、3人、4人、2冊、3本、10元、2台、1回、第1課、第2課、第15課、10ページ、2問、同窓会、結婚式、試験、試合、カラオケ大会、スピーチコンテスト、アイスクリーム、招待状、荷物、道具、花瓶、壁、ポスター、黒板、階段、問題、日本語能力試験、入学試験、バトミントン、お金、高校時代、お客さん、友人、決まり、熊、ぬいぐるみ、コーヒーカップ

- 出す、つける、消す、しまう、冷やす、習う、閉める、開ける、挿す、貼る、描く、切る、受ける、忘れる、置く、使う、飾る、準備する、整理する、出発する、喧嘩する、失敗する、予約する、壊れる、落ちる、怒る、負ける

- 懐かしい

基礎編

基礎会話 1

文 型　V　ておく。

　例を見て、練習をしてください。

例1

💬 結婚式の前に、何かしましたか。

🎤 はい、招待状を出しておきました。

例2

💬 電気を消しましょうか。

🎤 いいえ、つけておいてください。

練習1

💬 _____

🎤 _____

練習 2

練習 3

練習 4

練習 5

練習6

🗨 _____

🎤 _____

基礎会話2

文型 V てある。

💡 例を見て、練習をしてください。

例

🗨 あれっ、花瓶に花が挿してありますね。

🎤 そうですね。きっと誰かが挿したんですね。

練習1

🗨 _____

🎤 _____

練習 2

練習 3

練習 4

基礎会話 3

文型　V てしまう。

 例を見て、練習をしてください。

例

💬 どうしたんですか。

🎤 パソコンが壊れてしまったんです。

練習 1

💬 どうしたんですか。

🎤 _____

練習 2

友達

💬 どうしたんですか。

🎤 _____

練習3

💬 どうしたんですか。

🎤 _____

練習4

💬 どうしたんですか。

🎤 _____

基礎会話 4

文型　〜しか　〜ない。

💡 例を見て、練習をしてください。

例

💬 昨日のテストの問題はたくさんありましたか。

🎤 いいえ、2問しかありませんでした。

練習1

練習2

練習3

練習4

応用編

応用練習 1

文型　　① N1　という　N2
　　　　② V　てしまう。

 例に倣って、絵や図の内容を説明してください。

例

先日、彼は日本語能力試験というテス
トを受けました。
一生懸命勉強しました。
しかし、失敗してしまいました。
また頑張ると言いました。

練習1

練習2

練習3

_____

_____

_____

_____

_____

_____

応用練習 2

文型
1. V　てある。
2. ～がる。
3. ～しか　～ない。

 例に倣って、絵や図の内容を説明してください。

例

冷蔵庫にアイスクリームが冷やしてあります。

4人の子供たちは、アイスクリームを食べたがっています。

しかし、アイスクリームは3本しかありません。

1人は食べられません。

練習1

練習2

練習3

挑戦してみましょう

 活動の順番に沿って、また例に倣って、自由会話をしてみましょう。

例 ① ルームメートの誕生日パーティーのために準備しておくべきものや準備してあるものを以下の図に書いてください。

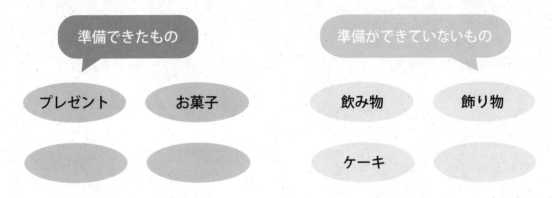

準備できたもの
プレゼント　お菓子

準備ができていないもの
飲み物　飾り物
ケーキ

② 上記の内容に基づいて、会話を作ってください。

宋：もうすぐ何さんの誕生日ですね。

楊：そうですね。今度の誕生日パーティーはどうしますか。

胡：まず、部屋をきれいに飾りましょう。飾り物は私が買っておきます。

宋：いいですね。じゃあ、お菓子と飲み物は楊さんと私が買っておきましょう。

楊：あ、この前みんながおいしいって言ってたお菓子はたくさん買ってあるから、また買わなくてもいいです。

宋：じゃあ、飲み物だけ買っておきましょう。あ、そうそう。ケーキはどうしますか。

胡：ケーキは私がケーキ屋さんで予約しておきます。

楊：はい、じゃあ、決まりです。あ、誕生日プレゼントはもう準備してありますか。

宋：はい、私は熊のぬいぐるみを準備しました。

胡：私はコーヒーカップを準備してあります。

楊：じゃあ、パーティーの日を楽しみにしています。

③ ②で作成したものをみんなの前で発表してください。

第 5 課 文化祭

语法要点

1 V　ことにする／ことにしている。

2 V　ことになる／ことになっている。

3 V　てくる。

4 V　ていく。

5 ～し、～し～。

6 ～かもしれない。

ウォーミングアップ

>> 授業の前に単語を聞いて覚えてください。

来月、5時、8時、10時、1週間、1月、8月、3日、15日、20日、1年間、浅草、スカイツリー、万里の長城、研究室、会議室、男子寮、キャンパス、結婚式場、部長、教え方、同窓会、レポート、新車、中古車、研修、給料、人口、サービス、ユーモア、期間、北京ダック、自信、運動会、種目、綱引き、二人三脚、100メートル走、大縄跳び、注目、速さ、チームワーク、向上、リズム感、長距離、短距離、競技

決める、考える、選ぶ、知る、借りる、受ける、就職する、緊張する、期待する、鍛える、養う、住む、進む、上がる、減る、増える、登る、入る

やはり、もっと

基礎編

基礎会話 1

| 文 型 | V　ことにする／ことにしている。 |

 例を見て、練習をしてください。

例

💬 アメリカに留学するのか、イギリスに留学するのか、決めましたか。

🎤 いろいろ考えたんですが、やはりイギリスに留学することにしました。

練習 1

💬 _____

🎤 _____

練習 2

練習 3

練習 4

基礎会話 2

文型　　V　ことになる／ことになっている。

例を見て、練習をしてください。

例1

💬 仕事の話はどうなりましたか。

🎤 来月からアメリカの会社で仕事をすることになりま した。

例2

💬 研究室のパソコンでゲームをしてはいけないことになっていますよ。

🎤 そうですか。知りませんでした。

練習 1

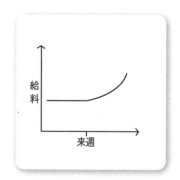

💬 給料の話はどうなりましたか。

🎤 ＿＿＿＿＿＿＿＿＿＿＿＿＿＿＿＿＿＿＿

練習2

　🗨 結婚式場の話はどうなりましたか。

　🎤 _____

練習3

木曜日	金曜日	土曜日	日曜日	月曜日	火曜日	水曜日	木曜日	金曜日
会社	出張	出張	出張	出張	出張	出張	出張	会社

　🗨 出張の話はどうなりましたか。

　🎤 _____

練習4

　🗨 _____

　🎤 そうですか。知りませんでした。

練習5

🗨 _____

🎤 そうですか。知りませんでした。

練習6

🗨 _____

🎤 そうですか。知りませんでした。

基礎会話 3

文型
1 V てくる。
2 V ていく。

 例を見て、練習をしてください。

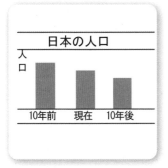

日本の人口

例

日本の人口が減ってきましたね。

そうですね。これからもっと減っていくで
しょう。

練習 1

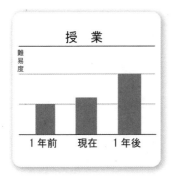

授　業

練習2

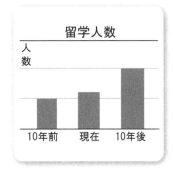

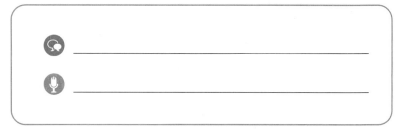

練習3

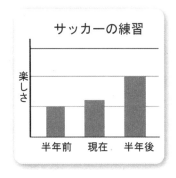

練習4

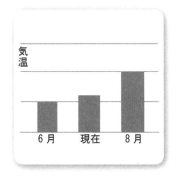

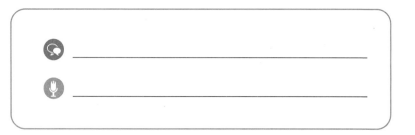

基礎会話4

文型　～し、～し～。

例を見て、練習をしてください。

例

💬 そのお店はどんなお店ですか。

🎤 おいしくないし、サービスも悪いですよ。

練習1

💬 そのアパートはどんな所ですか。

🎤 _____

練習 2

🗨 伊藤先生はどんな先生ですか。

🎤 _____

練習 3

〇〇大学

キャンパスの面積： 5万㎡

有名な先生： 30名

🗨 この大学はどんな大学ですか。

🎤 _____

練習 4

🗨 その映画はどんな映画ですか。

🎤 _____

基礎会話 5

文 型　〜かもしれない。

 例を見て、練習をしてください。

例

王さんは来週暇でしょうか。

試験が終ったと言っていたので、暇かもしれません。

練習 1

王さんは同窓会に来るでしょうか。

_____

練習 2

🗨 田中さんは今日学校を休みますか。

🎤 _____

練習 3

🗨 山田さんはどこにいますか。

🎤 _____

練習 4

🗨 劉さんは日本語が上手ですか。

🎤 _____

応用編

応用練習 1

文型　① V　ことにする／ことにしている。
　　　　② 〜し、〜し〜。

 例に倣って、絵や図の内容を説明してください。

例

今年の夏休み、東京に行くことにしています。
7月15日から20日までです。
行きたい所がたくさんあります。
浅草にも行きたいし、東京スカイツリーにも行
きたいし、東京タワーにも行きたいです。

練習 1

_____

_____

_____

_____

練習 2

練習 3

応用練習 2

文 型　❶ V　ことになる／ことになっている。

　❷ ～かもしれない。

　❸ V　てくる。

💡 例に倣って、絵や図の内容を説明してください。

> **例**
>
> 今日はテストを受けることになっています。
>
> テストは難しいかもしれませんが、自信があります。
>
> 先生が教室に入ってきました。
>
> テストが始まりました。

練習 1

練習 2

練習 3

挑戦してみましょう

 活動の順番に沿って、また例に倣って、自由会話をしてみましょう。

例 ① 運動会の種目を調べてください。そして、あなたが参加できる種目に○をつけてください。

運動会の種目	参加できる種目	その種目の魅力
綱引き		
二人三脚		
100メートル走	○	注目を集める 速さ
大縄跳び	○	チームワークの向上が期待できる 体を鍛えることができる リズム感を養うことができる

② 自分が参加できる運動会の種目について、会話を作ってください。

魏：もうすぐ運動会ですね。張さんはどの競技に参加しますか。

張：男子100メートル走に出ることにしました。

魏：すごいですね。注目を集めますよ。100メートル走の魅力は速さですね。

張：長距離より短距離のほうが好きなので100メートル走に出ることにしました。魏さんはどの競技に参加しますか。

魏：私は一人ではなく、クラスの皆さんと大縄跳びに出ることになりました。

張：そうですか。それもいいですね。体を鍛えることができるし、チームワークの向上も期待できますね。

魏：はい。みんなと何度も練習しなければならないから、リズム感を養うこともできますね。

張：そうですね。痩せるかもしれませんね。あはははは。

③ ②で作成したものをみんなの前で発表してください。

第 6 課 社会見学

语法要点

1. ～ため（に）、～。（目的）
2. Ｖ ようにする。
3. Ｖ ように、～。
4. Ｖ ようになる。
5. Ｖ なさい。

ウォーミングアップ　　　>> 授業の前に単語を聞いて覚えてください。

- 6時、1時間、5時間、2つ、3人、数学、教科書、論文、平仮名、シャドーイング、レッスン、体、健康、ダイエット、アドバイス、研修生、赤ちゃん、母親、通訳、人参、目覚まし時計、コップ、規則、気、ボランティア活動、イベント、旅行ガイド、伝統文化、生活習慣、各地、募集、チラシ、実践、経験、展示会
- 見つける、忘れる、つける、聞き取る、吸う、割る、なくす、間違える、教える、切る、朗読する、セットする、メモする、合格する、遅刻する、失敗する、努力する、レベルアップする、負ける、怒る、得る、活かす、伝える、役立てる、積む、訪れる、合う、探す
- 詳しい
- できるだけ、堂々と

基礎編

基礎会話 1

文　型　❶ ～ため（に）、～。（目的）

❷ V　ようにする。

 例を見て、練習をしてください。

例

💬 日本語が上手になるために、何をしていますか。

🎤 毎日1時間朗読するようにしています。

練習 1

💬 ＿＿＿＿＿＿＿＿＿＿＿＿＿＿＿＿＿＿＿＿

🎤 ＿＿＿＿＿＿＿＿＿＿＿＿＿＿＿＿＿＿＿＿

練習 2

練習 3

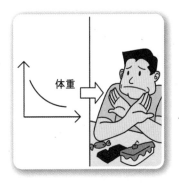

練習 4

基礎会話 2

文型　V ように、〜。

例を見て、練習をしてください。

例

🗨 また遅刻したんですか。

🎤 今度は遅刻しないように目覚まし時計を2つセットします。

練習1

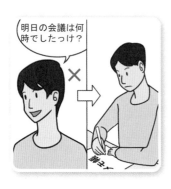

🗨 また忘れたんですか。

🎤 _____

練習2

🗨 また試験に失敗したんですか。

🎤 ＿＿＿＿＿＿＿＿＿＿＿＿＿＿＿＿＿＿＿＿＿

練習3

🗨 また財布をなくしたんですか。

🎤 ＿＿＿＿＿＿＿＿＿＿＿＿＿＿＿＿＿＿＿＿＿

練習4

🗨 またコップを割ったんですか。

🎤 ＿＿＿＿＿＿＿＿＿＿＿＿＿＿＿＿＿＿＿＿＿

基礎会話 3

文型　V　ようになる。

例を見て、練習をしてください。

例

💬 あの赤ちゃんは歩けるようになりました
か。

🎤 はい、もう歩けるようになりました。

練習 1

💬 _____

🎤 _____

練習2

はい

 🗨 _____

 🎤 _____

練習3

はい

 🗨 _____

 🎤 _____

練習4

 🗨 _____

 🎤 _____

▶ 基礎会話 4

文 型　Ｖ なさい。

例を見て、練習をしてください。

> 例
>
> 💬 うるさいから、静かにしなさい。
>
> 🎤 はい、分かりました。

練習 1

> 💬 _____
>
> 🎤 はい、分かりました。

練習2

> _____
>
> 🎤 はい、分かりました。

練習3

> _____
>
> 🎤 はい、分かりました。

練習4

> _____
>
> 🎤 はい、分かりました。

応用編

応用練習 1

文型
① V　ようにする。
② V　ように、～。

💡 例に倣って、絵や図の内容を説明してください。

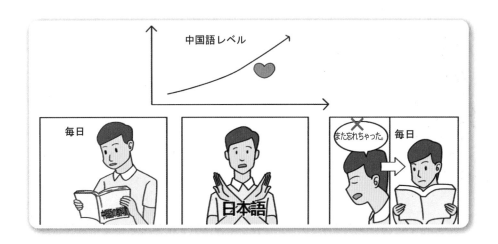

例
私は中国語が上手になりたいです。

毎日、中国語の教科書を読むようにしています。

できるだけ日本語を使わないようにしています。

忘れないように毎日勉強しています。

練習1

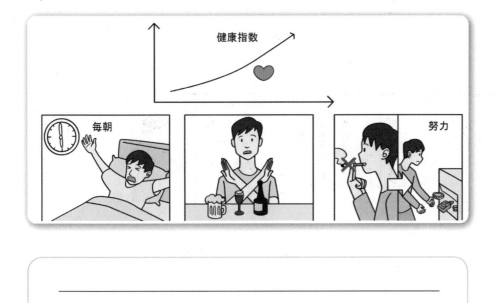

練習2

練習 3

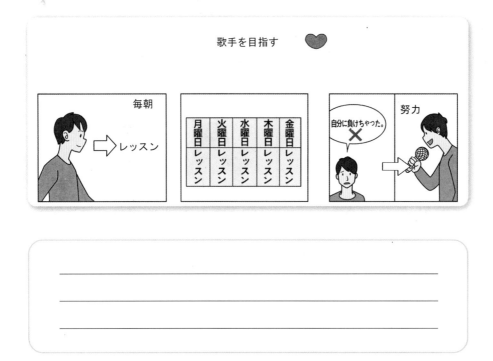

応用練習 2

 文型
❶ V ように、〜。
❷ 〜ため（に）、〜。（目的）
❸ V なさい。

 例に倣って、絵や図の内容を説明してください。

例

私は日本語の先生です。

学生が分かるように、日本語を詳しく

教えます。

でも、教科書を読まない学生がいます。

学生のために「教科書を読みなさい」

と言って、怒りました。

練習 1

_____

_____

_____

_____

_____

_____

練習2

練習3

挑戦してみましょう

 活動の順番に沿って、また例に倣って、自由会話をしてみましょう。

例 ① 参加したいボランティア活動、参加する理由及び参加することによって得られること
について、考えてみてください。

ボランティア活動	理由	得られること
旅行ガイド	将来の仕事に役立つ	中国各地の伝統文化や生活習慣などを伝えられるようになる
イベントの通訳	英語を活かす	外国人と堂々と話せるようになる 英語がレベルアップする

② 上記の表の内容に基づいて、会話を作ってください。

石：李さん、将来どんな仕事をしたいですか。

李：そうですね…将来旅行ガイドになりたいです。

石：ああ、だから、最近旅行ガイドのボランティア募集のチラシを見ているんですね。

李：はい。将来の仕事に役立てるために、今ボランティアをして、実践の経験を積むよう
にしたいんです。そして、ちゃんと中国各地の伝統文化や生活習慣を外国人に伝えら
れるようになりたいです。

石：いいですね。私は将来英語が生かせる仕事をしたいので、何か英語関係のボランティ
アはありませんか。

李：そうですね…イベント通訳のボランティアはどうですか。

石：イベント通訳って？

李：展示会などのイベントに訪れるお客さんがイベントの内容を聞き取れるように準備す
る中国語、日本語、英語、ロシア語などの通訳のことです。

石：そうですか。いいかもしれませんね。そのボランティアで英語のレベルアップができ
るし、外国人と堂々と話せるようになるかもしれませんね。

李：そうですね。じゃあ、自分に合うボランティアを探してみましょう。

③ ②で作成したものをみんなの前で発表してください。

第7課 協力

语法要点

❶ V　てやる／てあげる／てさしあげる。　　❷ V　てもらう／ていただく。

❸ V　てくれる／てくださる。　　❹ V　てもらえませんか／ていただけませんか。

❺ V　てほしい。

- 週、月、1回、2回、3回、お孫さん、北京市内、セーター、ネックレス、推薦状、荷物、病気、頭、おなか、マナー、日頃、直前、お世話、感謝、メッセージカード、発音、自信
- 送る、撮る、手伝う、運ぶ、入れる、持つ、洗濯する、ごちそうする、案内する、プレゼントする、空く、決まる、曲がる、助ける、助かる、直す、励ます、終える
- 汚い、痛い、重い、素敵、大好き、無事

基礎編

基礎会話 1

文型　V　てやる／てあげる／てさしあげる。

💡 例を見て、練習をしてください。

例

💬 林さんは毎晩、お子さんに本を読んであげているんですか。

🎤 いいえ、毎晩ではありません。週に２回だけです。

練習 1

💬 _____

🎤 _____

練習2

- 💬 _____
- 🎤 _____

練習3

- 💬 _____
- 🎤 _____

練習4

- 💬 _____
- 🎤 _____

基礎会話 2

文型　❶ V　てもらう／ていただく。
　　　　❷ V　てくれる／てくださる。

💡 例を見て、練習をしてください。

例

🗨 いいセーターですね。誰に作ってもらったんですか。

🎤 姉が作ってくれたんです。

練習1

🗨 _____

🎤 _____

練習 2

練習 3

練習 4

> **基礎会話 3**

文型　Ⅴ　てもらえませんか／ていただけませんか。

 例を見て、練習をしてください。

> **例**
>
> 💬 すみませんが、北京市内を案内していただ
> けませんか。
>
> 🎤 はい、いいですよ。

> **練習 1**

> 💬 ＿＿＿＿＿＿＿＿＿＿＿＿＿＿＿＿＿＿＿
>
> 🎤 はい、いいですよ。

練習 2

🗨 _____

🎤 はい、いいですよ。

練習 3

🗨 _____

🎤 はい、いいですよ。

練習 4

🗨 _____

🎤 はい、いいですよ。

基礎会話 4

文型　V てほしい。

 例を見て、練習をしてください。

例

🗨 寒いですね。

🎤 そうですね。暖かくなってほしいですね。

練習 1

🗨 _____

🎤 _____

練習 2

練習 3

練習 4

応用編

応用練習 1

文型　❶ V　てやる／てあげる／てさしあげる。

　　　❷ V　てくれる／てくださる。

例に倣って、絵や図の内容を説明してください。

例

王さんは本当に優しい人です。

劉さんが病気になったので、

王さんは劉さんにご飯を作ってあげました。

私が頭が痛い時は、薬を買ってくれました。

みんな王さんが大好きです。

練習 1

李さんは本当に優しい人です。

_____

_____

_____

_____

練習 2

張さんは本当に優しい人です。

_____

_____

_____

_____

練習3

キムさんは本当に優しい人です。

_____

_____

_____

_____

応用練習 2

 ❶ V　てもらう／ていただく。

❷ V　てくれる／てくださる。

例に倣って、絵や図の内容を説明してください。

例

病気になった時、みんなに助けてもらいました。

王さんに薬を買ってもらいました。

楊さんは洗濯してくれました。

でも、宿題は誰も手伝ってくれませんでした。

練習 1

練習 2

練習 3

挑戦してみましょう

 ① 日頃お世話になっている人への感謝のメッセージカードを作りましょう。まず、自分の感謝したい人と感謝することを次の例のように整理してください。

感謝したい人	感謝の内容
先輩の木村さん	いつも困ったときに助けてくれる 日本語の発音を直してもらった 励ましてくれる

② 上記の表の内容を使って、感謝のメッセージカードを作ってください。

木村さんへ

　いつも困ったときに、助けてくれてありがとうございます。

　先日の発表会の前に、日本語の発音を直してもらって、たいへん助かりました。また、発表会の直前、経験のない私はすごく緊張していました。木村さんが緊張している私を励ましてくれたので、自信を持って発表することができました。いろいろ助けてもらったので、無事に発表を終えることができました。本当にありがとうございました。これからもよろしくお願いします。

李より

③ ②で作成したものをみんなの前で発表してください。

Memo

第 8 課 病院で

语法要点

1 ～そうだ。（外观、趋势、预测）　　2 ～ようだ。（比喻、示例）

3 ～みたいだ。（比喻、示例）　　4 N らしい。（典型）

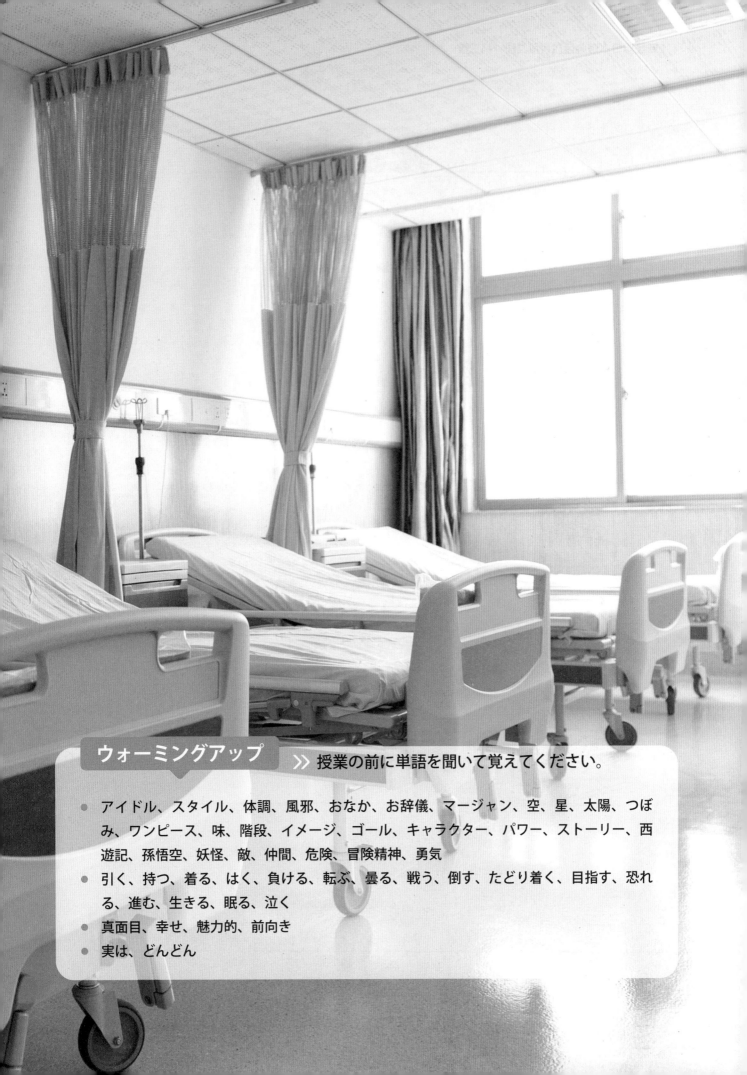

ウォーミングアップ

>> 授業の前に単語を聞いて覚えてください。

- アイドル、スタイル、体調、風邪、おなか、お辞儀、マージャン、空、星、太陽、つぼみ、ワンピース、味、階段、イメージ、ゴール、キャラクター、パワー、ストーリー、西遊記、孫悟空、妖怪、敵、仲間、危険、冒険精神、勇気
- 引く、持つ、着る、はく、負ける、転ぶ、曇る、戦う、倒す、たどり着く、目指す、恐れる、進む、生きる、眠る、泣く
- 真面目、幸せ、魅力的、前向き
- 実は、どんどん

基礎編

基礎会話 1

文 型　～そうだ。（外观、趋势、预测）

例を見て、練習をしてください。

> **例**
>
> 🗨 体調が悪そうですね。どうしたんですか。
>
> 🎤 おなかが痛いんです。

練習 1

> 🗨 ＿＿＿＿＿＿＿＿＿＿＿＿＿＿＿＿＿＿＿＿＿
>
> 🎤 仕事がたくさんあるんです。

練習 2

🗨 _____

🎤 試合に負けたんです。

練習 3

🗨 _____

🎤 風邪を引いたんです。

練習 4

🗨 _____

🎤 階段で転んだんです。

基礎会話 2

文型　〜そうだ。（外观、趋势、预测）

 例を見て、練習をしてください。

例

💬 空が曇っていますね。

🎤 そうですね。雨が降りそうですね。

練習 1

💬

🎤 _____

練習 2

💬

🎤 _____

練習 3

🗨 ＿＿＿＿＿＿＿＿＿＿＿＿＿＿＿＿＿＿＿

🎤 ＿＿＿＿＿＿＿＿＿＿＿＿＿＿＿＿＿＿＿

練習 4

🗨 ＿＿＿＿＿＿＿＿＿＿＿＿＿＿＿＿＿＿＿

🎤 ＿＿＿＿＿＿＿＿＿＿＿＿＿＿＿＿＿＿＿

基礎会話 3

文型　❶　～ようだ。（比喩、示例）
　　　　❷　～みたいだ。（比喩、示例）

💡 例を見て、練習をしてください。

例1

🗨 李さんはどんな人ですか。

🎤 <u>李さんは海のような人です。／海みたいな人です。</u>

例2

💬 どんなカメラがほしいですか。

🎤 <u>王さんが持っているようなカメラがほしいです。</u>

練習1

💬 この果物はどんな味ですか。

🎤 _____

練習2

💬 王さんはどんな人ですか。

🎤 _____

練習3

💬 どんなワンピースがほしいですか。

🎤 _____

練習4

💬 どんな靴がほしいですか。

🎤 _____

基礎会話4

文型　N　らしい。（典型）

💡 例を見て、練習をしてください。

例

💬 あの子は子供らしくないですね。

🎤 そうですね。いつも経済新聞ばかり読んでいますね。

練習1

💬 _____

🎤 _____

練習2

練習3

練習4

応用編

応用練習 1

文 型　〜そうだ。（外観、趨勢、予測）

 例に倣って、絵や図の内容を説明してください。

友達の家族

例

友達の家族の写真です。

お父さんは、真面目そうです。

お母さんは、優しそうです。

お姉さんは、幸せそうです。

練習 1

おばあさんの家

練習2

誕生日プレゼント

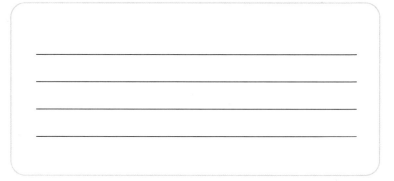

練習3

入学プレゼント

応用練習 2

文 型　❶ ～ようだ。（比喩、示例）
　　　❷ ～みたいだ。（比喩、示例）

例に倣って、絵や図の内容を説明してください。

例

私の友達です。
スタイルがいいので、アイドルみたい／のようです。
とても髪が長いので、女の子みたい／のようです。
でも、実は男の子です。

練習 1

_____

_____

_____

_____

練習 2

練習 3

挑戦してみましょう

 活動の順番に沿って、また例に倣って、自由会話をしてみましょう。

例 ① 「私が見た〇〇」について、〇〇のイメージを日本語で表現してみてください。

私が見た〇〇	〇〇のイメージ
私が見た『西遊記』のアニメ	『西遊記』は楽しそう 時々孫悟空の顔が怖そう 孫悟空のようになりたい

② 上記の表の内容を使って、会話を作ってください。

田中：最近、アニメの『西遊記』を見ました。おもしろかったです。

佐藤：『西遊記』？楽しそうですね。

田中：孫悟空が出てくるんですけど、妖怪と戦っている時、怖そうな顔をするんです。でも、パワーがあって、どんどん敵を倒すんですよ。

佐藤：ゲームみたいなストーリーですね。

田中：そうですね。孫悟空は仲間と一緒に、危険な旅をして、最後にはゴールにたどり着くんです。

佐藤：すごいですね。私も目標を目指して、仲間と一緒に楽しく頑張りたいな。

田中：確かに、『西遊記』のキャラクターはみんな、おもしろくて魅力的です。孫悟空のように危険を恐れず前に進みたいですね。

佐藤：そうですね。孫悟空の冒険精神は勇気をくれます。孫悟空のように前向きに生きたいです。

③ ②で作成したものをみんなの前で発表してください。

第9課 アルバイト

ウォーミングアップ

≫ 授業の前に単語を聞いて覚えてください。

- 次、5年、7月、10日、監督、台風、人参、熱、咳、顔色、バスケットボール、交通事故、給料、引っ越し、祝い、ネックレス、チャイナドレス、本棚、スマートフォン、恋愛、京劇、清、舞台、受付、コミュニケーション能力、向上
- 喧嘩する、優勝する、集まる、残る、込む、高める、表す、募集する、つながる、接する
- 強い、楽、ふさわしい
- そういえば、実は

基礎編

基礎会話 1

文型
① 〜ようだ。（推測）
② 〜みたいだ。（推測）

💡 例を見て、練習をしてください。

例

💬 風が強いですね。

🎤 そうですね。台風が来るようです。

練習 1

💬 _____

🎤 _____

練習 2

練習 3

練習 4

基礎会話 2

文 型　〜そうだ。（传闻）

　例を見て、練習をしてください。

例

💬 東京は明日はどんな天気ですか。

🎤 天気予報によると、晴れだそうです。

練習 1

💬 昨日のバスケットボールの大会はどうなりましたか。

🎤 _____

練習 2

先輩

💬 鈴木先生はどんな先生ですか。

🎤 _____

練習3

💬 王さんはどんな食べ物が好きですか。

🎤 _____

練習4

💬 夏休みはいつ始まりますか。

🎤 _____

基礎会話 3

文型　〜らしい。（推測）

💡 例を見て、練習をしてください。

例

💬 山田さんは病気らしいですね。

🎤 そうですね。顔色が悪いですね。

練習 1

🗨 _____

🎤 _____

練習 2

🗨 _____

🎤 _____

練習 3

🗨 _____

🎤 _____

練習 4

🗨 _____

🎤 _____

基礎会話 4

文 型 ～と聞いている。

例を見て、練習をしてください。

例

💬 卒業祝いに高さんにプレゼントをしようと思いますが、何がいいですか。

🎤 そういえば、かばんがほしいと聞いていますよ。

練習 1

💬 _____

🎤 _____

練習 2

💬 _____

🎤 _____

練習 3

練習 4

応用編

応用練習 1

 文 型

1. ～ようだ。（推測）
2. ～みたいだ。（推測）
3. ～そうだ。（传闻）
4. ～らしい。（推測）
5. ～と言われている。
6. ～見える。

💡 例に倣って、絵や図の内容を説明してください。

先生になるのは大変です。
しかし仕事は楽しいです。

例

先生はいい仕事らしいです。

先生になるのは大変だと言われています。

でも、仕事は楽しいそうです。

楽に見えますが、実は忙しいみたいです。

練習1

練習2

練習3

_____

_____

_____

_____

応用練習2

 文型　　❶ ～ようだ。（推測）

❷ ～みたいだ。（推測）

❸ ～らしい。（推測）

 例に倣って、絵や図の内容を説明してください。

例

この部屋に住んでいるのは、男の人みたい／ら
しい／のようです。
結婚していないみたい／らしい／ようです。
あまり掃除をしないみたい／らしい／ようです。
車が好きみたい／らしい／なようです。

練習1

_____

練習2

練習3

挑戦してみましょう

 活動の順番に沿って、また例に倣って、自由会話をしてみましょう。

例 ① アルバイトについて次の表に書いてください。

	アルバイト	アルバイト①	アルバイト②
仕事の種類	図書館での受付		
給料	80元/日		
時間帯			
場所	大学内		
もらったお金の使い方			
あなたにとって良い点・悪い点	仕事の時間が自由 給料がいい コミュニケーション能力を高める		

② アルバイトについて、会話を作ってください。

A：アルバイトを探しているのですが、何かお勧めがありますか。

B：今、図書館でアルバイトを募集しているそうですよ。

A：そうですか。図書館のアルバイトって、どんな仕事ですか。

B：受付をするらしいです。

A：受付？受付をしたことがないんですが、私にできるでしょうか。

B：大丈夫ですよ。クラスメートの劉さんは今図書館で受付をやっているけど、難しくないと言っていました。

A：そうですか。実は、私は人とコミュニケーションをするのが苦手なんですけど。

B：受付の仕事は、コミュニケーション能力の向上につながると思いますから、コミュニケーションが苦手なAさんにはふさわしいかもしれませんね。

A：そうですね。受付は人に接する仕事ですからね。

B：しかも、仕事の時間は自由だし、給料もいいみたいですから、ぜひやってみてください。

A：そうですね。挑戦してみます。

③ ②で作成したものをみんなの前で発表してください。

第 10 課 旅行

语法要点

① 〜なら、〜。

② 〜ば、〜。（条件）

③ 疑问词 V ばいいか。

④ V ばいい。

⑤ V ずに、〜。

ウォーミングアップ >> 授業の前に単語を聞いて覚えてください。

- 再来週、店員、コーチ、洋服、入場料、チケット、無料、ダイエット、釣り、研修、禁煙、太極拳、小麦粉、教科書、具合、ほか、秋葉原、みどりの窓口、ジム、洋服屋、動物園、スイカ、名産品、宣伝、早寝早起き、睡眠時間、癖、夜中
- 受ける、訪問する、就職する、合格する、無理する、治る、太る、痩せる、泳ぐ、夜更かしする、確保する、不足する、試す
- しっかり、必ず

基礎編

基礎会話 1

文型　〜なら、〜。

 例を見て、練習をしてください。

例

💬 洋服を買いに行きませんか。駅前の洋服屋
は今、安いらしいですよ。

🎤 安いなら、買いに行きます。

練習 1

💬 映画を見に行きませんか。＿＿＿＿＿＿

＿＿＿＿＿＿＿＿＿＿＿＿＿＿＿＿＿＿

🎤 ＿＿＿＿＿＿＿＿＿＿＿＿＿＿＿＿＿

練習2

🗨 6月1日に動物園に行きませんか。＿＿＿＿＿＿＿

＿＿＿＿＿＿＿＿＿＿＿＿＿＿＿＿＿＿＿＿＿

🎤 ＿＿＿＿＿＿＿＿＿＿＿＿＿＿＿＿＿＿＿＿＿

練習3

🗨 金曜日に、テニスに行きませんか。＿＿＿＿＿

＿＿＿＿＿＿＿＿＿＿＿＿＿＿＿＿＿＿＿＿＿

🎤 ＿＿＿＿＿＿＿＿＿＿＿＿＿＿＿＿＿＿＿＿＿

練習4

🗨 今度の土曜日に食事に行きませんか。＿＿＿＿

＿＿＿＿＿＿＿＿＿＿＿＿＿＿＿＿＿＿＿＿＿

🎤 ＿＿＿＿＿＿＿＿＿＿＿＿＿＿＿＿＿＿＿＿＿

基礎会話 2

文 型　　〜ば、〜。（条件）

 例を見て、練習をしてください。

例

🗨 今度の日曜日、どこかへ行きますか。

🎤 <u>天気がよければどこかへ行くつもりですが、</u>
<u>よくなければ家にいるつもりです。</u>

練習 1

🗨 今度の日曜日、何をしますか。

🎤 _____

練習2

🗨 高校を卒業してから、どうしますか。

🎤 _____

練習3

🗨 いつ日本へ帰りますか。

🎤 _____

練習4

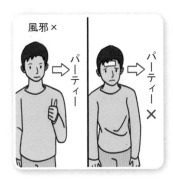

🗨 明日のパーティーはどうしますか。

🎤 _____

143

基礎会話 3

文 型
1. 疑问句　V　ばいいか。
2. V　ばいい。

 例を見て、練習をしてください。

例

💬 スイカを作りたいんですが、どこに行けばいいですか。

🎤 みどりの窓口に行けばいいですよ。

練習1

💬 _____

🎤 _____

練習2

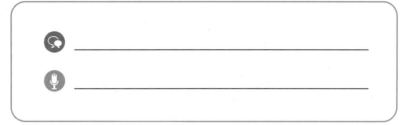

練習3

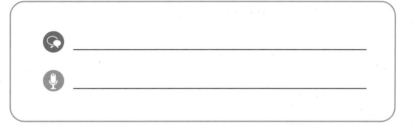

練習4

基礎会話 4

文型 V ずに、〜。

例を見て、練習をしてください。

例

💬 窓を閉めずに家を出たんです。

🎤 それはよくないですね。

練習 1

💬 ＿＿＿＿＿＿＿＿＿＿＿＿＿＿＿＿＿＿＿

🎤 それはよくないですね。

練習2

💬 _____

🎤 それはよくないですね。

練習3

💬 _____

🎤 それはよくないですね。

練習4

💬 _____

🎤 それはよくないですね。

応用編

応用練習 1

文型　❶ V　ばいい。
❷ V　ずに、～。

💡 例に倣って、絵や図の内容を説明してください。

> **例**
>
> 私は運動がしたいです。
> でも、無理せずに運動がしたいです。
> 友人は「散歩をすればいいよ」と言いました。
> だから、明日から散歩しようと思います。

練習 1

練習 2

練習 3

応用練習 2

① ～なら、～。

② V　ばいい。

例に倣って、絵や図の内容を説明してください。

> **例**
>
> 先週、私は具合が悪かったです。
> 李さんは、病院に行くなら大連病院に
> 行けばいいと言いました。
> 医者は、この薬を飲めばいいと言い
> ました。
> 今はもう元気になりました。

練習1

練習2

練習3

挑戦してみましょう

活動の順番に沿って、また例に倣って、自由会話をしてみましょう。

 ① 健康にいいことと健康に悪いことを考えてみてください。

	健康にいいこと	健康に悪いこと
例	早寝早起き	夜更かし
私		
（　）さん		

② 上記の表に基づいて、会話を作ってください。

王：今日も授業に遅刻してしまって、大変でした。

李：そうですか。朝、時間通りに起きられなかったんですか。

王：はい、朝早く起きられなくて困ってるんです。どうすればいいでしょうか。

李：睡眠時間をしっかり確保すればいいんじゃないですか。

王：そうしたいんですけど、なかなか難しいんです。夜更かしする癖があって、夜中まで
　　勉強したり、遊んだりすることが多いんです。

李：夜更かしをやめればいいんじゃないですか。そうしなければ、睡眠時間が不足して朝
　　起きられなくなっちゃいますよ。

王：そうですね。やめたいんですけど、何かいい方法はありますか。

李：寝る時間をちゃんと決めることが大事ですよ。例えば、10時に寝るなら、10時に必ず
　　電気を消して寝るようにするんです。

王：そうですね。試してみます。

③ ②で作成したものをみんなの前で発表してください。

第 11 課 誕生日

ウォーミングアップ　　　≫ 授業の前に単語を聞いて覚えてください。

今学期、毎学期、毎年、3割引き、1日前、春節、ルームメート、パンダ、沖縄、富士山、地震、火、中止、ボタン、体、具合、資料、レポート、成績、ジョギング、体重、コーラ、忘年会、ショッピング、裏側
- 押す、もらう、消す、相談する、両替する、出席する、着く、迷う、痩せる、太る、減る、貯まる
- だるい

基礎編

基礎会話 1

文型 V と、〜。

💡 例を見て、練習をしてください。

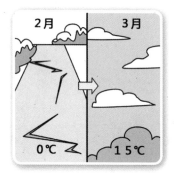

例

💬 <u>ここは３月になると、暖かくなりますよ。</u>

🎤 そうですか。いいですね。

練習1

💬 ＿＿＿＿＿＿＿＿＿＿＿＿＿＿＿＿＿

🎤 そうですか。いいですね。

練習2

💬 ＿＿＿＿＿＿＿＿＿＿＿＿＿＿＿＿＿

🎤 そうですか。いいですね。

練習 3

🗨 ＿＿＿＿＿＿＿＿＿＿＿＿＿＿＿

🎤 そうですか。いいですね。

練習 4

🗨 ＿＿＿＿＿＿＿＿＿＿＿＿＿＿＿

🎤 そうですか。いいですね。

▶ 基礎会話 2

文 型 〜たら、〜。

💡 例を見て、練習をしてください。

例

🗨 授業が終わったら、一緒に映画を見ませんか。

🎤 いいですね。一緒に見ましょう。

練習 1

🗨 _____

🎤 いいですね。一緒にしましょう。

練習 2

🗨 _____

🎤 いいですね。一緒に食べましょう。

練習 3

🗨 _____

🎤 いいですね。一緒に行きましょう。

練習 4

🗨 _____

🎤 いいですね。一緒に行きましょう。

基礎会話 3

文 型　～たら、～。

 例を見て、練習をしてください。

例

🗨 雨が降ったら、どうすればいいですか。

🎤 雨が降ったら、運動会を中止してください。

練習 1

🗨 _____

🎤 _____

練習 2

🗨 _____

🎤 _____

練習3

練習4

基礎会話 4

文 型　V　たらどうか。（建议）

例を見て、練習をしてください。

> **例**
> 🗨 体の具合がよくないんですが。
> 🎤 病院に行ったらどうですか。

練習 1

> 🗨 _____
> 🎤 _____

練習2

だるい

練習3

A店、B店、C店…
どれにする？

練習4

留学する？しない？

鈴木先生

相談

基礎会話 5

文型　どうしたらいいか。
　　　　V　といいよ。

💡 例を見て、練習をしてください。

例

💬 レポートを書きたいのですが、どうしたら
いいですか。

🎤 大学の図書館で資料を調べるといいですよ。

練習 1

💬 _____

🎤 _____

練習2

練習3

練習4

基礎会話 6

文型 V たら、〜た。（発現）

 例を見て、練習をしてください。

あまっ！！

> **例**
>
> 💬 どうかしましたか。
>
> 🎤 <u>お茶を飲んだら、甘かったんです。</u>

練習 1

> 💬 どうかしましたか。
>
> 🎤 _____

練習 2

🗨 どうかしましたか。

🎤 _____

練習 3

🗨 どうかしましたか。

✋ _____

練習 4

🗨 どうかしましたか。

🎤 _____

応用編

応用練習 1

> 文型　　V と、～。

 例に倣って、絵や図の内容を説明してください。

> 例
>
> 彼女はケーキをよく食べていました。
> 彼女の母は「ケーキを食べすぎると、
> 太るよ」と言いました。
> そこで、彼女は運動をするようになり
> ました。
> 最近、体重が減ってきました。

練習 1

_____

_____

_____

_____

_____

練習2

練習3

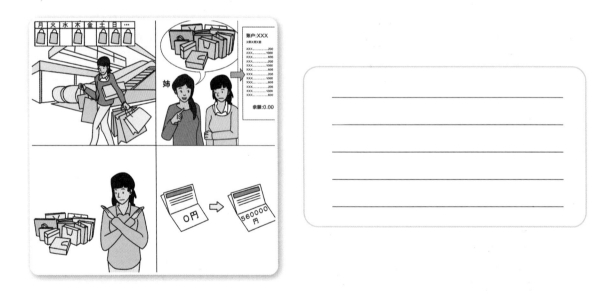

> **応用練習 2**

文 型	❶ V と、～。
	❷ V たらどうか。（建议）

 例に倣って、絵や図の内容を説明してください。

> **例**
>
> 毎年、夏休みになると、私は韓国に旅行に行きます。
>
> 友人は私に「今度は中国に行ったらどうですか」と言いました。
>
> 「中国では、パンダが見られるし、中国人の友達ができるかもしれないよ」と言いました。
>
> 私は今年、中国に行くことにしました。

> **練習 1**

練習 2

_____
_____
_____
_____
_____
_____

練習 3

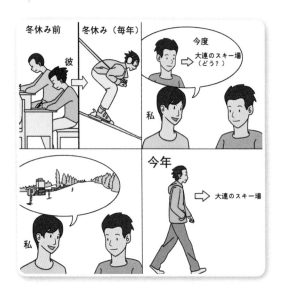

_____
_____
_____
_____
_____
_____

挑戦してみましょう

 活動の順番に沿って、また例に倣って、自由会話をしてみましょう。

例 ①

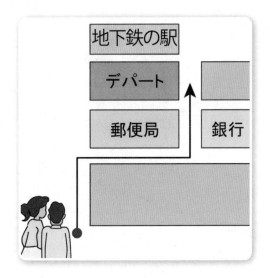

② 二人でそれぞれが書いた絵にある場所へ行く道について、会話を作ってください。

王：すみません、この近くに地下鉄の駅はありますか。

龍：はい、ありますよ。歩いて15分ぐらいかかりますが。

王：そうですか。どうやって行けばいいですか。

龍：まず、この道をまっすぐ行ってください。それから、一つ目の角を右に曲がってください。曲がると、郵便局と銀行があります。郵便局と銀行の間の道に入ってください。

王：まっすぐ行って、右に曲がって、それから郵便局と銀行の間の道に入るんですね。

龍：はい、そうです。その後、郵便局と銀行の間の道を5分ぐらい行くと、左側にデパートが見えますが、駅はそのデパートの裏側にあります。

王：5分ぐらい歩いて、デパートがあって、デパートの裏側ですね。分かりました。ありがとうございました。

龍：いいえ、どういたしまして。

③ ②で作成したものをみんなの前で発表してください。

第 12 課　事件

语法要点

1. N1　は　N2　に　V　れる／られる。（基本被动）
2. N1　は　N2　に　N3　を　V　れる／られる。（所有者的被动）
3. N1　は　N2　に　V　れる／られる。（受害的被动）
4. N1　が／は　N2　に／によって　V　れる／られる。（客观情况的被动）
5. ～のに、～。

ウォーミングアップ　　　》授業の前に単語を聞いて覚えてください。

- ゆうべ、食事中、2008年、1958年、泥棒、スリ、警察、北京オリンピックスタジアム、万里の長城、東京タワー、北京オリンピック、工場、近所、プロポーズ、スマホ、びしょ濡れ、交通事故、怪我、鍵
- 叱る、褒める、騙す、いじめる、誘う、取る、盗む、噛む、行う、建てる、壊す、泣く、騒ぐ、怒る、サボる、反省する、謝る
- 悲しい、必要

基礎編

基礎会話 1

文型　N1　は　N2　に　V　れる／られる。（基本被动）

 例を見て、練習をしてください。

なんでこんなことするの？

母　私

例1

私は母に叱られました。

えっ、どうしてですか。

よくできました！

私　先生

例2

私は先生に褒められました。

それはよかったですね。

練習 1

かわいい服を買ってあげる。
ウソだった～

私　　兄

💬 _____

🎤 え、どうしてですか。

練習 2

妹　　鈴木先生

注意

💬 _____

🎤 え、どうしてですか。

練習 3

映画を見に行かない？

💬 _____

🎤 それはよかったですね。

練習4

🗨 _____

🎤 それはよかったですね。

基礎会話 2

文型 N1 は N2 に N3 を Ｖ れる／られる。（所有者的被动）

💡 例を見て、練習をしてください。

例

🗨 何があったんですか。

🎤 兄に日記を読まれたんです。

練習1

🗨 何があったんですか。

🎤 _____

練習2

🗨 何があったんですか。

🎤 _____

練習3

🗨 何があったんですか。

🎤 _____

練習 4

母

🗨 何があったんですか。

🎤 _____

基礎会話 3

文型　N1 は N2 に V れる／られる。（受害的被动）

💡 例を見て、練習をしてください。

例

🗨 どうしたんですか。

🎤 子供に泣かれて、よく眠れませんでした。

練習1

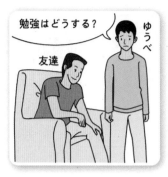

🗨 どうしたんですか。

🎤 _____

練習2

🗨 どうしたんですか。

🎤 _____

練習3

🗨 どうしたんですか。

🎤 _____

練習 4

どうしたんですか。

_____

基礎会話 4

文型　N1　が／は　N2　に／によって　V　れる／られる。（客观情况的被动）

例を見て、練習をしてください。

例

北京オリンピックはいつ行われましたか。

2008年に行われました。

練習1

練習2

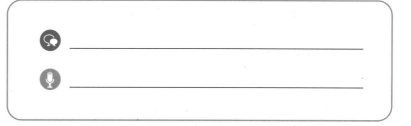

練習3

練習 4

🗨 _____

🎤 _____

基礎会話 5

文型　～のに、～。

💡 例を見て、練習をしてください。

例

🗨 野菜は体にいいのに、王さんは野菜を食べません。

🎤 そうですか。それはいけませんね。

練習 1

🗨 _____

🎤 そうですか。それはいけませんね。

練習2

🗨 _____

🎤 そうですか。それはいけませんね。

練習3

🗨 _____

🎤 そうですか。それはいけませんね。

練習4

🗨 _____

🎤 そうですか。それはいけませんね。

応用編

応用練習 1

文型
　① N1　は　N2　に　V　れる／られる。（基本被动）
　② N1　は　N2　に　N3　を　V　れる／られる。（所有者的被动）

 例に倣って、絵や図の内容を説明してください。

例
　私はテストで100点を取りました。
　私は先生に褒められました。
　母にも褒められました。
　とてもうれしかったです。

練習1

練習2

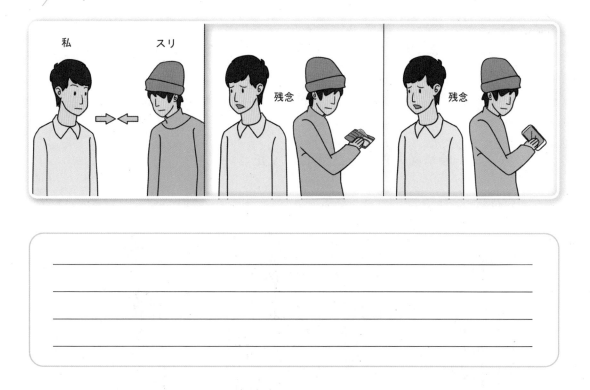

練習3

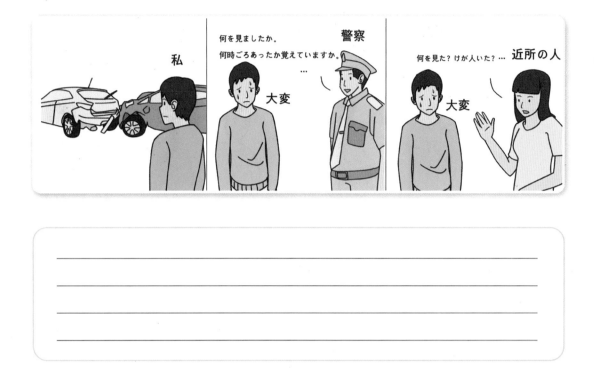

応用練習 2

文型　❶ N1　は　N2　に　N3　を　V　れる／られる。（所有者的被动）
　　　❷ N1　は　N2　に　V　れる／られる。（受害的被动）
　　　❸ 〜のに、〜。

例に倣って、絵や図の内容を説明してください。

例

彼は元気がありません。

インターネットで騙されてお金を取られたからです。

彼は10万円取られました。

今日お金が必要なのにお金がありません。

練習1

練習 2

練習 3

挑戦してみましょう

 活動の順番に沿って、また例に倣って、自由会話をしてみましょう。

例① 怒られたり、褒められたりしたことがありますか。理由は何でしたか。考えてみてください。

	李さん	あなたの場合
怒られたか褒められたか	怒られた	
理由	授業をサボる	

② ペアで上記の表で考えたことに基づいて、会話を作ってください。

陳：李さんはご両親に怒られたことがありますか。

李：はい、ありますよ。母にはよく怒られましたけど、父にはあまり怒られたことがありません。

陳：お母さんに、例えば、どんなことで怒られましたか？

李：高校3年生の時、授業をサボって遊びに行って、母にさんざん叱られました。

陳：それは、怒られますよね。

李：そうです。「学生なのに、学校をサボるんだったら、大学に行かなくてもいいよ」と言われました。

陳：そうですね。確かに授業をサボってはいけませんね。

李：ええ。深く反省して、母にも先生にも謝ったんです。

③ ②で作成したものをみんなの前で発表してください。

第 13 課　部活

ウォーミングアップ　　≫ 授業の前に単語を聞いて覚えてください。

上司、部下、料理学校、自動車学校、英会話教室、席、ハンバーガー、大声、買い物、機械、番号、矢印、紙、テレビ番組、操作、翻訳、発表、面接、交通ルール、別れ、あいさつ、アイディア、エピソード、印象、全員、研修

押す、買い忘れる、がっかりする、通う、座る、笑う、喜ぶ、泣く、勝つ、驚く、感動する、思い出す、残る

大事、熱心、重要、豊富

基礎編

基礎会話 1

文型	N1　は　N2　を　V　せる／させる。
	N1　は　N2　に　N3　を　V　せる／させる。（強制、指示）

 例を見て、練習をしてください。

例

💬 学校で、先生は学生に何をさせましたか。

🎤 先生は学生にCDを聞かせました。

練習 1

💬 家で、お母さんは娘に何をさせましたか。

🎤 _____

練習 2

💬 幼稚園で、先生は子供たちに何をさせましたか。

🎤 _____

練習 3

💬 料理学校で、先生は学生に何をさせましたか。

🎤 _____

練習 4

💬 自動車学校で、先生は学生に何をさせましたか。

🎤 _____

基礎会話2

文型　❶ N1 は N2 を V せる／させる。

　　　N1 は N2 に N3 を V せる／させる。（強制、指示）

　　❷ N1 は N2 を V せる／させる。

　　　N1 は N2 に N3 を V せる／させる。（容許、放任）

例を見て、練習をしてください。

外で遊んでください。

母

例

お母さんは何をしましたか。

お母さんは子供を外で遊ばせました。

練習1

先生

帰ってください。

先生は何をしましたか。

_____

練習 2

お父さんは何をしましたか。

_____

練習 3

お母さんは何をしましたか。

_____

練習 4

先生は何をしましたか。

_____

基礎会話3

文型　N1　は　N2　を　V　せる／させる。（情感诱发）

 例を見て、練習をしてください。

おい！

例

🗨 男の子は何をしましたか。

🎤 男の子は大声を出して、女の子をびっくり
させました。

練習1

おもしろい話をしよう…

姉　　妹

🗨 お姉さんは何をしましたか。

🎤 _____

練習 2

お母さんは何をしましたか。

_____

練習 3

お兄さんは何をしましたか。

_____

練習 4

唐さんは何をしましたか。

_____

基礎会話 4

文型　〜とおり

 例を見て、練習をしてください。

例

💬 この機械の操作は、どうすればいいでしょうか。

🎤 番号のとおりに押してください。

練習 1

💬 ＿＿＿＿＿＿＿＿＿＿＿＿＿＿＿＿＿

🎤 ＿＿＿＿＿＿＿＿＿＿＿＿＿＿＿＿＿

練習2

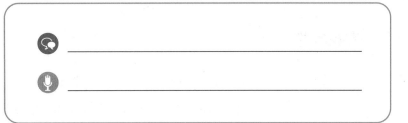

練習3

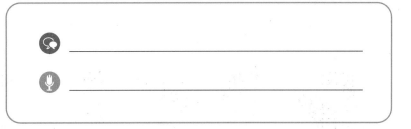

練習4

応用編

応用練習 1

文型
1. N1 は N2 を V せる／させる。

　　N1 は N2 に N3 を V せる／させる。（强制、指示）

2. N1 は N2 を V せる／させる。（情感诱发）

 例に倣って、絵や図の内容を説明してください。

例

先週先生は私たちに宿題をやらせました。

しかし、私は宿題を忘れました。

私は先生をすごく怒らせました。

次は怒らせないようにします。

練習1

練習2

練習3

_____

_____

_____

_____

応用練習 2

文型
1. ～とおり
2. N にとって
3. N に対して

例に倣って、絵や図の内容を説明してください。

例

明日のサッカーの試合は私たちにとって
とても大事です。
監督は私たちに対してとても熱心に指導
してくれました。
監督の言うとおりにすればきっと勝て
ます。
監督のためにも頑張ります。

練習 1

練習2

練習3

挑戦してみましょう

 活動の順番に沿って、また例に倣って、自由会話をしてみましょう。

例 ① あなたが家族や友達を笑わせた（驚かせた・感動させた・がっかりさせた…）経験を思い出してください。

	金さん	あなたの場合
どんな経験か	感動させた経験	
いつのことか	先学期の最後の基礎日本語の授業の時	
どんなことをしたのか	歌を歌って、別れのあいさつをした	

② ペアで上記の表に基づいて、会話を作ってください。

庄：金さん、昨日はありがとうございました。誕生日パーティー、本当に感動しました。

金：いいえ、どういたしまして。

庄：金さんはアイディアが豊富で、周りの人を感動させることができますね。

金：そうですかね。感動させるつもりはないけれど、周りの人が感動してくれるんです。

庄：そうですか。金さんが今まで人を感動させた中で、一番印象に残るエピソードは何ですか。

金：そうですね…一番印象に残っているのは、先学期の基礎日本語の最後の授業で先生のために歌を歌ったことです。

庄：基礎日本語の先生はもう皆さんのクラスを教えなくなったんですね。

金：はい、そうです。先生が日本へ研修に行くことになって、最後の授業でクラス全員で歌を歌って、別れのあいさつをしました。先生はとても感動していました。

庄：先生は感動して泣きましたか。

金：はい、そうです。先生だけでなく、クラスの学生全員が泣いたんです。

庄：人を感動させると、自分自身も感動しますよね。

③ ②で作成したものをみんなの前で発表してください。

第 14 課 研修

❶ V せて／させてもらう・いただく。　　❷ V せて／させてあげる・やる・おく。

❸ V せて／させてください。　　❹ V せて／させてくれる・くださる。

❺ N1 は N2 に V せられる／される・させられる。

- 上司、ペット、書道、部活、家事、学会、プロジェクト、研究室、やる気
- 習う、やめる、手伝う、迎える、案内する、出席する、湧く、尊重する
- 自由
- 先に

基礎編

基礎会話 1

文型　V　せて／させてもらう・いただく。

例を見て、練習をしてください。

例

💬 すみませんが、先にコピーを取らせてもらえませんか。

🎤 はい、いいですよ。

練習 1

💬 _____

🎤 はい、いいですよ。

練習 2

🗨 _____

🎤 はい、いいですよ。

練習 3

🗨 _____

🎤 はい、いいですよ。

練習 4

🗨 _____

🎤 はい、いいですよ。

基礎会話 2

文型　V せて／させてあげる・やる・おく。

 例を見て、練習をしてください。

例

- うちの子が音楽をやりたいと言っているんですよね。
- そうなの。だったら、やらせてあげたら。

練習 1

練習 2

練習3

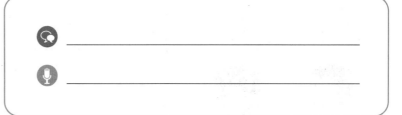

練習4

基礎会話 3

文 型 V　せて／させてください。

💡 例を見て、練習をしてください。

例

💬 すみません。私に運転させてください。

🎤 はい。どうぞ。

練習 1

行ってもいいですか。

　🗨 _____

　🎤 はい。どうぞ。

練習 2

案内してもいいですか。

　🗨 _____

　🎤 はい。どうぞ。

練習 3

やってもいいですか。

　🗨 _____

　🎤 はい。どうぞ。

練習4

考えてもいいですか。

💬 ＿＿＿＿＿＿＿＿＿＿＿＿＿＿＿＿＿＿＿＿

🎤 はい。どうぞ。

基礎会話 4

文型　N1　は　N2　に　V　せられる／される・させられる。

💡 例を見て、練習をしてください。

子供のとき

家事をしなさい。

母

よく

例

💬 子供のとき、よくお母さんに家事をさせられましたよ。

🎤 私もそうでした。今の子供はどうですかね。

練習1

子供のとき　　母

野菜を食べなさい。

よく

💬 ＿＿＿＿＿＿＿＿＿＿＿＿＿＿＿＿＿＿＿＿

🎤 私もそうでした。今の子供はどうですかね。

練習2

🗨 _____

🎤 私もそうでした。今の子供はどうですかね。

練習3

🗨 _____

🎤 私もそうでした。今の子供はどうですかね。

練習4

🗨 _____

🎤 私もそうでした。今の子供はどうですかね。

応用編

応用練習 1

文型　❶ V　せて／させてくれる・くださる。

❷ V　せて／させてもらう・いただく。

例に倣って、絵や図の内容を説明してください。

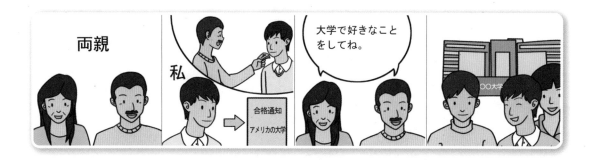

例

私の両親はとても優しい人です。

私をアメリカに留学に行かせてくれました。

大学生活を自由にさせてもらっています。

大学生活はとても楽しいです。

練習 1

練習 2

練習3

応用練習2

> 文型　　N1　は　N2　に　V　せられる／される・させられる。

例に倣って、絵や図の内容を説明してください。

例

私は先輩にパンを買いに行かされました。

宿題を手伝わされたこともあります。

私が先輩になったらそんなことはさせません。

いい先輩になりたいです。

練習1

練習 2

練習 3

挑戦してみましょう

 活動の順番に沿って、また例に倣って、自由会話をしてみましょう。

例 ① 小さい頃、両親にさせられたことで何か「嫌だったこと」はありますか。あなたが親になったら、同じことを子供にさせますか。それとも、子供が好きなことをさせてあげますか。

	趙さん	あなたの場合
小さい頃、両親にさせられたことで「嫌だったこと」	サッカーを習わされた	
親になったら、同じことを子供にさせるか	好きなことをさせる	

② ペアで上記の表で考えたことに基づいて、会話を作ってください。

李：趙さん、小さい頃、ご両親に嫌なことをさせられたことはありますか？

趙：はい、あります。サッカーが嫌いだったのに、2年間もサッカーを習わされたんです。

李：そうなんですか。体を丈夫にするために、スポーツを習わせたのかもしれませんね。

趙：そうかもしれませんが、好きじゃなかったので、やる気が湧いてきませんでした。

李：じゃあ、小さい頃、何か好きなスポーツはありましたか？

趙：卓球が好きでした。8歳になった時、親が私の話を聞いてくれて、卓球を習わせてくれたのです。

李：良かったですね。子供の意見を尊重することも大切ですね。

趙：そうですね。自分が親になったら、子供にはできるだけ好きなことをさせてあげたいと思っています。

李：趙さんは立派なお父さんになりそうですね。

③ ②で作成したものをみんなの前で発表してください。

Memo

第15課 ゼミ

ウォーミングアップ

授業の前に単語を聞いて覚えてください。

オフィス、プレゼンテーション、商品、今夜、食事会、釣り、性能、お宅、奥様、職場、当店、来店時、新商品、電気屋、機能、複雑、国際交流センター、道探し、連絡係、連絡事項、講師、講演、パワーポイント、打ち合わせ、用意する
- ご覧になる、召し上がる、いらっしゃる、お目にかかる、招待する、なさる、迎える、試着する、持参する、承知する
- 最終的

基礎編

基礎会話 1

文型　お／ご～になる。

例を見て、練習をしてください。

例

💬 この料理を作ったのは誰ですか。

🎤 料理学校の先生がお作りになりました。

練習 1

音楽の先生

💬 バイオリンを弾いたのは誰ですか。

🎤 _____

練習2

部長

💬 このジュースを飲んだのは誰ですか。

🎙 ＿＿＿＿＿＿＿＿＿＿＿＿＿＿＿＿＿＿＿＿＿＿

練習3

社長の奥さん

💬 あの服を買ったのは誰ですか。

🎙 ＿＿＿＿＿＿＿＿＿＿＿＿＿＿＿＿＿＿＿＿＿＿

練習4

課長

💬 昨日の会議に出席したのは誰ですか。

🎙 ＿＿＿＿＿＿＿＿＿＿＿＿＿＿＿＿＿＿＿＿＿＿

基礎会話 2

文型　（尊敬）V。

 例を見て、練習をしてください。

例

💬 社長は7時にオフィスにいらっしゃいましたか。

🎤 はい、いました。

練習 1

💬 _____

🎤 はい、見ました。

練習 2

💬 _____

🎤 はい、食べました。

練習3

🗨 _____

🎤 いいえ、知りませんでした。

練習4

🗨 _____

🎤 はい、行きます。

基礎会話3

文型 V れる／られる。（尊敬）

💡 例を見て、練習をしてください。

例

🗨 <u>先生は休日に本を読まれますか。</u>

🎤 はい、小説を読みます。

練習1

🗨 _____

🎤 はい、毎週釣りをします。

練習2

🗨 _____

🎤 はい、来月に来ます。

練習3

🗨 _____

🎤 いいえ、日曜日から帰ります。

練習4

🗨 _____

🎤 いいえ、行きません。

基礎会話 4

文型　❶　お／ご〜する。

❷　お／ご〜いたす。

 例を見て、練習をしてください。

明日の会議

例

💬 明日の会議について連絡してください。

🎤 では、明日の会議についてご連絡いたします。

練習 1

私の故郷

💬 今度あなたの故郷を案内してください。

🎤 では、＿＿＿＿＿＿＿＿＿＿＿＿＿＿＿＿＿

練習 2

私の店

💬 来週あなたの店に招待してください。

🎤 では、＿＿＿＿＿＿＿＿＿＿＿＿＿＿＿＿＿

229

練習 3

💬 この重いカバンを持ってください。

🎤 では、_____

練習 4

💬 このパソコンの性能を紹介してください。

🎤 では、_____

応用編

応用練習 1

文型　① お／ご〜になる。
　　　② （尊敬）V。

💡 例に倣って、絵や図の内容を説明してください。

例

こちらは私の先生です。

先生は毎日8時に学校にいらっしゃいます。

8時半から午後5時まで授業をなさいます。

その後、お宅へお帰りになります。

練習 1

練習 2

練習 3

応用練習 2

文型　❶ お／ご〜する。　　❷ お／ご〜いたす。
　　　　　❸ お／ご〜になる。　　❹ （自謙）V。

 例に倣って、絵や図の内容を説明してください。

例

昨日図書館で田中先生にお目にかか
りました。
田中先生は本をお借りになっていま
した。
お荷物は重そうだったので、
その荷物をお持ちしました。

練習 1

練習 2

練習3

挑戦してみましょう

 活動の順番に沿って、また例に倣って、自由会話をしてみましょう。

例 ① あなたは〇〇会の連絡係です。〇〇会にいらっしゃるお客様にいろいろな連絡事項を確認してください。

〇〇会	お客様の身分	連絡事項
A学会	講師	ご到着の時間 パソコン持参 パワーポイントの準備

② 上記の内容を使って、二人で会話を作成してください。

連絡係：A学会の連絡係の江です。先日は、ありがとうございました。本日は最終的な打ち
　　　　合わせをさせていただきます。

先　生：はい。ご連絡ありがとうございます。

連絡係：先生、当日はご自分のパソコンをご持参ですか。

先　生：いいえ、自分のパソコンを使わないと思いますが。

連絡係：はい、分かりました。こちらでご準備いたします。

先　生：よろしくお願いします。

連絡係：ご講演の時、パワーポイントをお使いになりますか。

先　生：はい、会場の皆さんに見せながら話していこうと思います。

連絡係：ありがとうございます。先生、ご講演の前日飛行機で来られるんですか。

先　生：はい、9日の午後3時ごろです。

連絡係：9日の午後3時ごろご到着ですね。はい、承知いたしました。打ち合わせは以上で
　　　　す。ありがとうございました。

先　生：ありがとうございました。

③ ②で作成したものをみんなの前で発表してください。

Memo

第 16 課 忘年会

语法要点

1　お／ご〜ください。
2　お／ご〜いただけませんか。
3　〜でございます。
4　〜でいらっしゃいます。
5　お／ご〜くださる。
6　お／ご〜いただく。
7　お／ご〜申し上げる。
8　お／ご〜に預かる。
9　V ております／てまいります／てございます。

ウォーミングアップ 　　　　≫ 授業の前に単語を聞いて覚えてください。

- 忘年会、書類、専門、推薦状、講堂、歓迎会、近所、場面、情報、出身校、光栄、修士、大学院生、研究分野、博士課程、段階、研究計画書、メールアドレス、後日
- 記入する、渡す、任せる、引き受ける、伝える、開く、行う、申し込む、参る、かける、続ける、承知する
- 大した、ただいま、先ほど、なるべく

基礎編

基礎会話 1

文型　お／ご～ください。

例を見て、練習をしてください。

例

🗨 こちらからお入りください。

🎤 分かりました。

練習 1

🗨 _____

🎤 分かりました。

練習2

💬 _____

🎤 分かりました。

練習3

💬 _____

🎤 分かりました。

練習4

💬 _____

🎤 分かりました。

基礎会話 2

文型 お／ご～いただけませんか。

例を見て、練習をしてください。

劉先生

例

😊 劉先生にお渡しいただけませんか。

🎤 いいですよ。

練習 1

😊 _____

🎤 いいですよ。

練習 2

😊 _____

🎤 いいですよ。

練習3

鈴木課長

💬 _____

🎤 はい、いいですよ。

練習4

任せる

💬 _____

🎤 はい、いいですよ。

基礎会話3

文型　～でいらっしゃいます。

💡 例を見て、練習をしてください。

〇〇会社？

例

💬 〇〇会社の方でいらっしゃいますか。

🎤 ええ、そうですが。

練習1

🗨 _____

🎤 ええ、そうですが。

練習2

🗨 _____

🎤 ええ、そうですが。

練習3

🗨 _____

🎤 ええ、そうですが。

練習4

🗨 _____

🎤 ええ、そうですが。

基礎会話 4

文型　お／ご〜いただく。

 例を見て、練習をしてください。

例

わかりやすく話してくれた

💬 分かりやすくお話しいただき、ありがとうございました。

🎤 いえいえ、大したことじゃありません。

練習 1

詳しく説明してくれた

💬 ＿＿＿＿＿＿＿＿＿＿＿＿＿＿＿＿＿＿＿＿＿

🎤 いえいえ、大したことじゃありません。

練習 2

💬 ＿＿＿＿＿＿＿＿＿＿＿＿＿＿＿＿＿＿＿＿＿

🎤 いえいえ、大したことじゃありません。

練習3

🗨 _____

🎤 いえいえ、大したことじゃありません。

練習4

仕事を引き受けてくれた

🗨 _____

🎤 いえいえ、大したことじゃありません。

応用編

応用練習 1

文型

① お／ご～申し上げる。

② お／ご～くださる。

③ お／ご～ください。

④ V　ております／てまいります／てございます。

 例に倣って、絵や図の内容を説明してください。

今年の忘年会のお知らせ

場所：駅前の中国料理店
申込締切：今週中
連絡係：張さん

ご参加をお待ちしております。

例

皆様にお知らせ申し上げます。

今年の忘年会は駅前の中国料理店で行う
予定です。

お越しくださる方は、今週中に張さんに
お伝えください。

皆様のご参加をお待ちしております。

練習 1

今日の会議のご連絡

場所：3階の会議室
集合時間：15時

ご参加をお待ちしております。

_____
_____
_____
_____

練習 2

来月のコンサートのお知らせ

場所：大学の講堂
集合時間：20日の18時

お越しをお待ちしております。

_____
_____
_____
_____
_____

練習 3

今年の歓迎会のご連絡

場所：市内レストラン
申込締切：週末

お申し込みをお待ちしております。

_____
_____
_____
_____

応用練習2

文型
1. お／ご～に預かる。
2. ～でございます。
3. V　ております／てまいります／てございます。
4. お／ご～ください。

 例に倣って、絵や図の内容を説明してください。

例

ただいまご紹介に預かりました佐藤で
ございます。
私の出身は青森で、おととし中国に参
りました。
仕事の前に、近くの公園を犬と散歩し
ております。
犬がお好きな方は、どうぞ声をおかけ
ください。

練習1

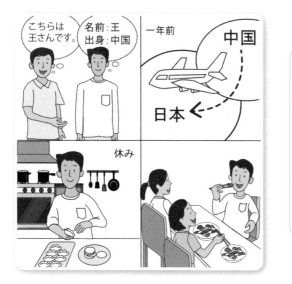

練習2

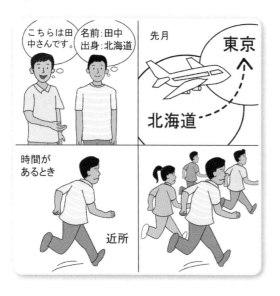

練習3

挑戦してみましょう

 活動の順番に沿って、また例に倣って、自由会話をしてみましょう。

例 ① あなたは〇〇会に参加しています。ずっと会いたかった有名な方にあいさつに行きます。その場面で使えそうな情報を以下の表に例のように記入してください。

会いたかった方	自己紹介	あいさつする目的
田中先生	名前、出身校	先生のもとで研究したい

② 上記の内容を使って、会話を作成してください。

王　：あのう、すみません、A大学の田中先生でいらっしゃいますか。

田中：はい、そうですが。

王　：B大学の王と申します。

田中：初めまして、よろしくお願いします。

王　：初めまして、よろしくお願いします。本日、先生にお目にかかって、大変光栄です。

田中：王さんは大学院生ですか。

王　：はい、修士の二年生です。田中先生の研究分野にずっと興味を持っておりまして、博士課程の段階では先生のもとで研究を続けることができたら本当にうれしいのですが…。

田中：そうですか。では、博士課程で研究する予定の内容を教えてください。なるべく研究計画書を見せてほしいです。

王　：承知しました。研究計画書を出させていただきます。失礼ですが、先生のメールアドレスを教えていただけないでしょうか。

田中：いいですよ。これは私の名刺です。名刺に書いてあるアドレスに連絡してください。

王　：ありがとうございます。では、後日連絡させていただきます。

③ ②で作成したものをみんなの前で発表してください。

新经典日本语会话教程
第二册（第三版）

参考答案

基礎会話 1

練習1

🎤 いいえ、うるさくなりました。

練習2

🎤 はい、きれいになりました。

練習3

🎤 いいえ、去年と同じです。

練習4

🎤 はい、便利になりました。

基礎会話 2

練習1

🌐 テレビが古いですから、新しくしてください。

🎤 はい、分かりました。新しくします。

練習2

🌐 今晩は寒いですから、暖かくしてください。

🎤 はい、分かりました。暖かくします。

練習3

🌐 説明が難しいですから、簡単にしてください。

🎤 はい、分かりました。簡単にします。

練習4

🌐 この写真は貴重ですから、大切にしてください。

🎤 はい、分かりました。大切にします。

基礎会話 3

練習1

🎤 幼稚園の先生になりたかったです。

練習2

🎤 カメラマンになりたかったです。

🎤 コックになりたかったです。

🎤 通訳になりたいです。

▶ 基礎会話 4

🗨 あ、ミルクがこぼれていますよ。誰がミルクをこぼしましたか。
🎤 王さんがミルクをこぼしました。

🗨 あ、机が汚れていますよ。誰が机を汚しましたか。
🎤 田中さんが机を汚しました。

🗨 あ、電気が消えていますよ。誰が電気を消しましたか。
🎤 張さんが電気を消しました。

🗨 あ、椅子が壊れていますよ。誰が椅子を壊しましたか。
🎤 佐藤さんが椅子を壊しました。

▶ 応用練習 1

🎤 病気になりました。
　　元気がなくなりました。
　　薬を飲んで、だんだん良くなりました。
　　運動したくなりました。

🎤 午後7時になりました。
　　外が暗くなりました。
　　宿題が多くて、だんだん眠くなりました。
　　休みたくなりました。

🎤 2年生になりました。
　　日本語が上手になりました。

日本人の友達ができて、だんだん楽しくなりました。
日本へ留学したくなりました。

練習 1

🎤 土曜日になりました。
部屋が汚くなったので、きれいにしました。
物を片付けて、部屋を広くしました。
気分もよくなりました。

練習 2

🎤 夜になりました。
涼しくなったので、エアコンを弱くしました。
電気をつけて、部屋を明るくしました。
気分もよくなりました。

練習 3

🎤 2年生になりました。
パソコンが古くなったので、新しくしました。
机を片づけて、きれいにしました。
気分もよくなりました。

第 2 課

基礎会話 1

練習 1

🔊 高校 1 年生の時、どんな科目が好きでしたか。
🎤 高校 1 年生の時、数学が一番好きでした。

練習 2

🔊 暑い時、何を飲みますか。
🎤 オレンジジュースを飲みます。

練習 3

🔊 子供の時、どんな野菜が嫌いでしたか。
🎤 子供の時、人参が一番嫌いでした。

🌐 暇な時、何をしますか。

🎤 日本のドラマを見ます。

🌐 涼しい時、何をしますか。

🎤 散歩します。

🌐 子供の時、どんな料理が嫌いでしたか。

🎤 辛い料理が嫌いでした。

▶ 基礎会話 2

🌐 故郷へ帰る前に、おみやげを買いましたか。

🎤 はい、買いました。

🌐 会議の前に、資料をコピーしましたか。

🎤 はい、コピーしました。

🌐 旅行に行く前に、天気を調べましたか。

🎤 はい、調べました。

🌐 運動会の前に、練習しましたか。

🎤 はい、練習しました。

▶ 基礎会話 3

🌐 試験の後、何をしますか。

🎤 試験の後、カラオケに行きます。

🌐 具を作った後、何をしますか。

🎤 具を作った後、包みます。

🌐 授業の後、何をしますか。

🎤 授業の後、サッカーをします。

🌐 映画を見た後、何をしますか。

🎤 映画を見た後、買い物をします。

基礎会話 4

🌐 何曜日までに論文を出さなれければなりませんか。

🎤 来週の火曜日までに論文を出さなければなりません。

🌐 いつまでこの仕事をしますか。

🎤 この仕事が終わるまで帰りません。

🌐 何時までにこの仕事をやり終えなければなりませんか。

🎤 午後 5 時までにこの仕事をやり終えなければなりません。

🌐 いつまでここにいますか。

🎤 来年の 3 月までここにいます。

基礎会話 5

🌐 留学する時、

🎤 はい、ありますよ。たとえば、パスポートを作らなければなりません。

🌐 留学した時、

🎤 はい、ありますよ。たとえば、電車の乗り方を覚えなければなりません。

🌐 車を買う時、

🎤 はい、ありますよ。たとえば、いろいろな店の値段を見なければなりません。

🗨️ この薬を飲んだ時、

🎤 はい、ありますよ。たとえば、運転してはいけません。

応用練習 1

練習1

🎤 準備運動をする前に、水を飲みます。

準備運動をした後で、歩きます。

いつも音楽を聞きながら歩きます。

練習2

🎤 試着する前に、値段を見ます。

試着した後で、買います。

いつも友達と話しながら買い物をします。

練習3

🎤 寝る前に、歯を磨きます。

歯を磨いた後で、テレビを見ます。

いつもテレビを見ながら寝ます。

応用練習 2

練習1

🎤 その本は明日までに返さなければなりませんでした。

私は3日前から読み始めて、朝、読み終わりました。

午後、図書館に本を返しました。

その後、デートの約束の時間まで図書館で勉強しました。

練習2

🎤 その日は6時までに家に帰らなければなりませんでした。

私は午前8時から仕事をやり始めて、午後5時にやり終わりました。

急いでプレゼントを買いました。

その後、9時まで2人で誕生日パーティーをしました。

練習3

🎤 昨日は13時までにたくさんの料理を作らなければなりませんでした。

私は9時から料理を作り始めて、12時50分に作り終わりました。

餃子を1000個作りました。

その後、夜にお店が始まるまで休みました。

第3課

基礎会話 1

練習1

🌀 いつ日本語の勉強を始めましたか。
🎤 半年前に始めたばかりです。

練習2

🌀 いつ宿題が終わりましたか。
🎤 さっき終ったばかりです。

練習3

🌀 いつご飯を食べましたか。
🎤 さっき食べたばかりです。

練習4

🌀 いつ髪を切りましたか。
🎤 昨日切ったばかりです。

基礎会話 2

練習1

🌀 散歩に出かけましたか。
🎤 いいえ、今出かけるところです。

練習2

🌀 もう、空港に着きましたか。
🎤 はい、たった今着いたところです。

練習3

🌀 試合は始まりましたか。
🎤 はい、今始まったところです。

練習4

🌀 もう、飛行機に乗りましたか。
🎤 いいえ、今から乗るところです。

練習 1

🔊 田中さんは自分の意見ばかり言って、全然人の意見を聞きません。

練習 2

🔊 李さんは遊んでばかりいて、全然勉強しません。

練習 3

🔊 山田さんは毎日肉ばかり食べていて、全然野菜を食べません。

練習 4

🔊 王さんは英語の単語を読んでばかりいて、全然書きません。

基礎会話 4

練習 1

🔊 趙さんは日本語で自分の考えを表そうとしています。

練習 2

🔊 息子は東京大学を受けようとしています。

練習 3

🔊 王さんはその高いマンションを買おうとしています。

練習 4

🔊 あの子供は世界の町の名前を覚えようとしています。

応用練習 1

練習 1

🎤 中華料理に興味があるから、餃子ばかり作っています。

今、餃子を作っているところです。

料理が得意になりました。

それで、将来、お店を開くつもりです。

練習 2

🎤 アメリカ文学に興味があるから、アメリカの小説ばかり読んでいます。

今、アメリカの小説を読んでいるところです。

英語が得意になりました。

それで、将来、アメリカに留学するつもりです。

🔊 経済に興味があるから、経済学の勉強ばかりしています。

今、経済学の勉強をしているところです。

勉強が得意になりました。

それで、将来、会社を作るつもりです。

応用練習2

🔊 兄は遊んでばかりいます。

母は兄に注意しました。

兄は母に働くと言いました。

最近、兄はアルバイトを探そうとしています。

🔊 李さんは授業で寝てばかりいます。

先生は李さんに注意しました。

李さんは先生にもう寝ないと言いました。

最近、李さんは一生懸命授業を聞こうとしています。

🔊 弟はテレビを見てばかりいます。

母は弟に注意しました。

弟は母にもうテレビを見ないと言いました。

最近、弟は勉強しようとしています。

第4課

基礎会話1

🎧 お客さんが来る前に、何か準備しましたか。

🔊 はい、ケーキを買っておきました。

🎧 出発する前に、何か準備しましたか。

🔊 はい、荷物を整理しておきました。

🎧 道具をしまいましょうか。

🎙️ いいえ、そのままにしておいてください。

練習 4

🌐 ジュースを冷蔵庫から出しましょうか。

🎙️ いいえ、冷やしておいてください。

練習 5

🌐 試験の前に、何かしましたか。

🎙️ 今まで習ったことを復習しておきました。

練習 6

🌐 窓を閉めましょうか。

🎙️ いいえ、開けておいてください。

基礎会話 2

練習 1

🌐 あれっ、壁にポスターが貼ってありますね。

🎙️ そうですね。きっと誰かが貼ったんですね。

練習 2

🌐 あれっ、黒板に絵が描いてありますね。

🎙️ そうですね。きっと誰かが描いたんですね。

練習 3

🌐 あれっ、窓が閉めてありますね。

🎙️ そうですね。きっと誰かが閉めたんですね。

練習 4

🌐 あれっ、ケーキが切ってありますね。

🎙️ そうですね。きっと誰かが切ったんですね。

基礎会話 3

練習 1

🎙️ 階段から落ちてしまったんです。

練習 2

🎙️ 友達と喧嘩してしまったんです。

練習3

🎤 電車に遅れてしまったんです。

練習4

🎤 先生が怒って、帰ってしまったんです。

基礎会話4

練習1

🔊 餃子をたくさん食べましたか。
🎤 いいえ、3つしか食べませんでした。

練習2

🔊 昨日の夜、たくさん勉強しましたか。
🎤 いいえ、30分しか勉強しませんでした。

練習3

🔊 日本人の友達はたくさんいますか。
🎤 いいえ、1人しかいません。

練習4

🔊 英語の小説をたくさん読みましたか。
🎤 いいえ、2冊しか読みませんでした。

応用練習1

練習1

🎤 先週末、彼女は○○杯というバドミントンの試合に参加しました。
一生懸命練習しました。
しかし、負けてしまいました。
また頑張ると言いました。

練習2

🎤 今週の水曜日、クラスメートはKYYというカラオケ大会に参加しました。
一生懸命練習しました。
しかし、失敗してしまいました。
また頑張ると言いました。

練習3

🎤 1か月前、友人は大連杯というスピーチコンテストに参加しました。
一生懸命練習しました。

しかし、忘れてしまいました。

また頑張ると言いました。

練習 1

🎤 デパートにたくさんの靴が置いてあります。

友人は、靴をほしがっています。

しかし、お金は10元しかありません。

靴は買えません。

練習 2

🎤 机の上にパソコンが置いてあります。

3人の学生は、パソコンを使いたがっています。

しかし、パソコンは2台しかありません。

1人は使えません。

練習 3

🎤 寮に同窓会の写真が飾ってあります。

友人は、高校時代を懐かしがっています。

しかし、同窓会は3年に1回しかありません。

今年は会うことはできません。

第5課

基礎会話 1

練習 1

🌀 新車を買うのか、中古車を買うのか、決めましたか。

🎤 いろいろ考えたんですが、やはり新車を買うことにしました。

練習 2

🌀 アパートに住むのか、マンションに住むのか、決めましたか。

🎤 いろいろ考えたんですが、やはりアパートに住むことにしました。

練習 3

🌀 英語専攻を選ぶのか、日本語専攻を選ぶのか、決めましたか。

🎤 いろいろ考えたんですが、やはり日本語専攻を選ぶことにしました。

🌐 就職するのか、大学院に進むのか、決めましたか。

🎤 いろいろ考えたんですが、やはり大学院に進むことにしました。

基礎会話 2

🎤 来週から上がることになりました。

🎤 ホテルですることになりました。

🎤 金曜日から1週間出張することになりました。

🎤 体育館は月曜日の午後使えないことになっていますよ。

🌐 男子寮は夜10時までに帰らなければならないことになっていますよ。

🌐 レポートは来週の月曜日までに出すことになっていますよ。

基礎会話 3

🌐 授業が難しくなってきましたね。

🎤 そうですね。これからもっと難しくなっていくでしょう。

🌐 外国へ留学に行く人が増えてきましたね。

🎤 そうですね。これからもっと増えていくでしょう。

🌐 サッカーの練習が楽しくなってきましたね。

🎤 そうですね。これからもっと楽しくなっていくでしょう。

🌐 暑くなってきましたね。

🎤 そうですね。これからもっと暑くなっていくでしょう。

練習 1

🔊 駅から遠いし、交通も不便ですよ。

練習 2

🔊 ユーモアがあるし、教え方も上手ですよ。

練習 3

🔊 キャンパスも広いし、有名な先生もたくさんいますよ。

練習 4

🔊 おもしろいし、人気もありますよ。

基礎会話 5

練習 1

🔊 みんなに会いたいと言っていたので、来るかもしれません。

練習 2

🔊 風邪を引いたと言っていたので、学校を休むかもしれません。

練習 3

🔊 本を借りに行くと言っていたので、図書館にいるかもしれません。

練習 4

🔊 日本へ行ったことがあると言っていたので、上手かもしれません。

応用練習 1

練習 1

🔊 来月から日本に留学することにしています。
期間は 1 年間です。
やりたいことがたくさんあります。
アルバイトもしたいし、日本人の友達もほしいし、旅行もしたいです。

練習 2

🔊 来週から中国の大連で中国語を勉強することにしています。
午前8時から午後5時までです。
勉強以外に中国でやりたいことがたくさんあります。
中国を旅行したいし、中国人の友達も作りたいし、おいしい食べ物も食べたいです。

🎙 今年の夏休みは北京を旅行することにしています。

8月3日から20日までです。

北京でやりたいことがたくさんあります。

北京ダックも食べたいし、万里の長城も登りたいし、故宮も見たいです。

応用練習 2

練習1

🎙 今日はアルバイトをすることになっています。

アルバイトは大変かもしれませんが、自信があります。

お客さんが店に入ってきました。

アルバイトが始まりました。

練習2

🎙 今日はこの会社で研修を受けることになっています。

研修は厳しいかもしれませんが、自信があります。

部長が会議室に入ってきました。

研修が始まりました。

練習3

🎙 今日はこの学校で授業をすることになっています。

授業は緊張するかもしれませんが、自信があります。

学生が教室に入ってきました。

授業が始まりました。

第6課

基礎会話 1

練習1

🔊 健康のために、何をしていますか。

🎙 運動するようにしています。

練習2

🔊 試験に合格するために、何をしていますか。

🎙 毎日5時間勉強するようにしています。

練習3

🔊 ダイエットのために、何をしていますか。

🔊 甘いものを食べないようにしています。

練習 4

🎧 いい仕事を見つけるために、何をしていますか。
🔊 先輩や先生のアドバイスを聞くようにしています。

基礎会話 2

練習 1

🔊 今度は忘れないようにメモします。

練習 2

🔊 今度は失敗しないように勉強します。

練習 3

🔊 今度はなくさないように注意します。

練習 4

🔊 今度は割らないように気をつけます。

基礎会話 3

練習 1

🎧 日本語が聞き取れるようになりましたか。
🔊 いいえ、まだ全然聞き取れません。

練習 2

🎧 英語で手紙が書けるようになりましたか。
🔊 はい、もう書けるようになりました。

練習 3

🎧 インターネットが使えるようになりましたか。
🔊 はい、もう使えるようになりました。

練習 4

🎧 ケーキが作れるようになりましたか。
🔊 いいえ、まだ全然作れません。

基礎会話 4

練習 1

🎧 聞こえないから、大きな声で話しなさい。

😊 もう遅いから、早く寝なさい。

😊 人参は体にいいから、食べなさい。

😊 遅刻するから、早く行きなさい。

応用練習 1

練習1

🎤 私は健康になりたいです。

毎朝、6時に起きるようにしています。

できるだけお酒を飲まないようにしています。

タバコを吸わないように、努力しています。

練習2

🎤 私は通訳になりたいです。

毎日、シャドーイングをするようにしています。

できるだけ授業を休まないようにしています。

間違えないように、頑張っています。

練習3

🎤 私は歌手になりたいです。

毎日、レッスンに行くようにしています。

できるだけレッスンを休まないようにしています。

自分に負けないように、努力しています。

応用練習 2

練習1

🎤 私は数学の先生です。

学生ができるように宿題を簡単にします。

でも、宿題をしない学生がいます。

学生のために「宿題をしなさい」と言って、怒りました。

練習2

🎤 私は3人の子供の母親です。

子供が食べられるように、人参を小さく切ります。

でも、人参を食べない子がいます。

子供のために「人参を食べなさい」と言って、怒りました。

練習 3

🔊 私は会社の部長です。

研修生が分かるように、会社の規則を優しく説明します。

でも、説明を聞かない研修生がいます。

研修生のために「説明を聞きなさい」と言って、怒りました。

第 7 課

基礎会話 1

練習 1

🔊 田中さんは毎日お子さんにお弁当を作ってあげているんですか。

🎤 いいえ、毎日ではありません。週に 3 回だけです。

練習 2

🔊 王さんは毎日妹さんにご飯を作ってあげているんですか。

🎤 いいえ、毎日ではありません。週に 2 回だけです。

練習 3

🔊 李さんは毎日弟さんを学校まで送ってあげているんですか。

🎤 いいえ、毎日ではありません。週に 1 回だけです。

練習 4

🔊 上野さんは毎週お孫さんと遊んであげているんですか。

🎤 いいえ、毎週ではありません。月に 2 回だけです。

基礎会話 2

練習 1

🔊 かわいいネックレスですね。誰にプレゼントしてもらったんですか。

🎤 彼氏がプレゼントしてくれたんです。

練習 2

🔊 素敵なかばんですね。誰に買ってもらったんですか。

🎤 妹が買ってくれたんです。

練習 3

🔊 いい写真ですね。誰に撮ってもらったんですか。

🎤 父が撮ってくれたんです。

🌐 いいレストランですね。誰に教えてもらったんですか。

🎤 日本人の友達が教えてくれたんです。

基礎会話 3

練習 1

🌐 すみませんが、日本語を直していただけませんか。

練習 2

🌐 すみませんが、手伝っていただけませんか。

練習 3

🌐 すみませんが、推薦状を書いていただけませんか。

練習 4

🌐 すみませんが、この本を貸していただけませんか。

基礎会話 4

練習 1

🌐 暑いですね。

🎤 そうですね。涼しくなってほしいですね。

練習 2

🌐 古いですね。

🎤 そうですね。新しくしてほしいですね。

練習 3

🌐 うるさいですね。

🎤 そうですね。静かにしてほしいですね。

練習 4

🌐 汚いですね。

🎤 そうですね。きれいにしてほしいですね。

応用練習 1

練習 1

🎤 田中さんが中国語が分からなくて困っていたので、
李さんは田中さんに中国語を教えてあげました。

私が元気がない時は、歌を歌ってくれました。

みんな李さんが大好きです。

🎤 楊さんが重い荷物を運んでいたので、

張さんは楊さんを手伝ってあげました。

私が疲れている時は、コーヒーを入れてくれました。

みんな張さんが大好きです。

🎤 張さんがたくさん買い物をしていたので、

キムさんは荷物を持ってあげました。

私がおなかが空いている時は、餃子を作ってくれました。

みんなキムさんが大好きです。

応用練習 2

🎤 お金がない時、みんなに助けてもらいました。

張さんにラーメンをごちそうしてもらいました。

田中さんはアルバイトを紹介してくれました。

でも、お金は誰も貸してくれませんでした。

🎤 留学が決まった時、みんなに助けてもらいました。

鈴木先生に日本のマナーを教えていただきました。

楊先生は日本語の本を買ってくださいました。

でも、アパートは誰も紹介してくれませんでした。

🎤 N1の試験の勉強をしている時、みんなに助けてもらいました。

張先輩に日本人の友達を紹介してもらいました。

李さんはいい本を貸してくれました。

でも、勉強の方法は誰も教えてくれませんでした。

基礎会話 1

練習1
🔊 忙しそうですね。どうしたんですか。

練習2
🔊 悔しそうですね。どうしたんですか。

練習3
🔊 元気がなさそうですね。どうしたんですか。

練習4
🔊 痛そうですね。どうしたんですか。

基礎会話 2

練習1
🔊 星がたくさん出ていますね。
🎤 そうですね。明日は晴れそうですね。

練習2
🔊 この花のつぼみは大きいですね。
🎤 そうですね。もうすぐ咲きそうですね。

練習3
🔊 今日は涼しいですね。
🎤 そうですね。よく眠れそうですね。

練習4
🔊 来週、祭りがありますね。
🎤 そうですね。込みそうです。

基礎会話 3

練習1
🎤 この果物はバナナのような味です。／バナナみたいな味です。

練習2
🎤 王さんは太陽のような人です。／太陽みたいな人です。

🎤 田中さんが着ているようなワンピースがほしいです。

🎤 李さんがはいているような靴がほしいです。

▶ 基礎会話4

練習1

🌐 このウサギはウサギらしくないですね。

🎤 そうですね。いつもお肉ばかり食べていますね。

練習2

🌐 王さんは父親らしくないですね。

🎤 そうですね。いつもマージャンばかりしていますね。

練習3

🌐 ジャンさんはアメリカ人らしくないですね。

🎤 そうですね。いつもお辞儀ばかりしていますね。

練習4

🌐 高さんは学生らしくないですね。

🎤 そうですね。いつもゲームばかりしていますね。

▶ 応用練習1

練習1

🎤 おばあさんの家の写真です。
　　おばあさんは暑そうです。
　　庭の花が咲きそうです。
　　犬が眠そうです。

練習2

🎤 誕生日のプレゼントです。
　　ケーキがおいしそうです。
　　かばんは丈夫そうです。
　　時計は高そうです。

練習3

🎤 入学のプレゼントです。
　　お菓子は甘そうです。

パソコンはよさそうです。

電子辞書は便利そうです。

練習1

🎤 私のクラスメートです。

歌が上手なので、歌手みたい／のようです。

背が低いので、後輩みたい／のようです。

でも、実は私のクラスメートです。

練習2

🎤 私の先生です。

背が高いので、モデルみたい／のようです。

とてもかっこいいので、アイドルみたい／のようです。

でも、実は私の先生です。

練習3

🎤 私の妹です。

かわいいので、人形みたい／のようです。

とても髪が短いので、男の子みたい／のようです。

でも、実は私の妹です。

第9課

基礎会話 1

練習1

🌐 うるさいですね。

🎤 そうですね。誰かが喧嘩しているようです。

練習2

🌐 人がたくさん集まっていますね。

🎤 そうですね。交通事故のようです。

練習3

🌐 人参がたくさん残っていますね。

🎤 そうですね。人参が嫌いなようです。

練習4

🌐 熱が出ていますね。

🎤 そうですね。風邪を引いたようです。

基礎会話 2

練習1

🎤 新聞によると、中国は優勝したそうです。

練習2

🎤 先輩の話によると、鈴木先生はおもしろいそうです。

練習3

🎤 友達の話によると、王さんは甘い物が好きだそうです。

練習4

🎤 先生の話によると、夏休みは7月10日に始まるそうです。

基礎会話 3

練習1

🌐 鈴木先生は忙しいらしいですね。
🎤 そうですね。いつも遅くまで大学にいますね。

練習2

🌐 山本さんは風邪を引いているらしいですね。
🎤 そうですね。ときどき咳をしていますね。

練習3

🌐 あのレストランはおいしいらしいですね。
🎤 そうですね。いつも込んでいますね。

練習4

🌐 渡辺さんはお肉が好きらしいですね。
🎤 そうですね。よくお肉を食べていますね。

基礎会話 4

練習1

🌐 誕生日祝いに王さんにプレゼントをしようと思いますが、何がいいですか。
🎤 そういえば、ネックレスがほしいと聞いていますよ。

練習2

🌐 結婚祝いに李さんにプレゼントをしようと思いますが、何がいいですか。

🎙 そういえば、赤いチャイナドレスがほしいと聞いていますよ。

🔊 引っ越し祝いに趙さんにプレゼントをしようと思いますが、何がいいですか。

🎙 そういえば、本棚がほしいと聞いていますよ。

🔊 入学祝いに張さんにプレゼントをしようと思いますが、何がいいですか。

🎙 そういえば、スマートフォンがほしいと聞いていますよ。

応用練習 1

🎙 弁護士は長時間勉強するらしいです。

弁護士の給料は高いと言われています。

でも、長時間働くそうです。

仕事は簡単に見えますが、実は大変みたいです。

🎙 新しい映画はおもしろいらしいです。

その映画の監督は厳しいと言われています。

でも、その人の映画はとても人気があるそうです。

怖い映画に見えますが、実は恋愛の映画みたいです。

🎙 京劇は清の時代から始まったらしいです。

京劇のファンが多いと言われています。

でも、上手に歌を歌ったり踊ったりする人はそんなに多くないそうです。

京劇の舞台は簡単に見えますが、実はいろいろな意味があるみたいです。

応用練習 2

🎙 この部屋に住んでいるのは、女の人みたい／らしい／のようです。

コーヒーが好きみたい／らしい／なようです。

あまり料理をしないみたい／らしい／ようです。

犬が好きみたい／らしい／なようです。

🎙 この部屋に住んでいるのは、恋人みたい／らしい／のようです。

花が好きみたい／らしい／なようです。

あまり本を読まないみたい／らしい／ようです。

音楽が好きみたい／らしい／なようです。

🎤 この部屋に住んでいるのは、学生みたい／らしい／のようです。

日本語を勉強しているみたい／らしい／ようです。

あまり日本語が上手ではないみたい／らしい／ようです。

アニメが好きみたい／らしい／なようです。

第10課

基礎会話 1

練習1

🌐 この映画はおもしろいらしいですよ。

🎤 おもしろいなら、見に行きます。

練習2

🌐 入場料は無料らしいですよ。

🎤 無料なら、行きます。

練習3

🌐 田中さんも行くらしいですよ。

🎤 田中さんが行くなら、私も行きます。

練習4

🌐 みんなで日本料理を食べるらしいですよ。

🎤 みんなで日本料理を食べるなら、行きます。

基礎会話 2

練習1

🎤 雨が降らなければ釣りに行くつもりですが、雨が降れば家で本を読むつもりです。

練習2

🎤 大学に合格すれば大学に入るつもりですが、合格しなければ就職するつもりです。

練習3

🎤 チケットが取れれば、今週帰るつもりですが、取れなければ、再来週帰るつもりです。

練習4

🎤 風邪が治れば、参加するつもりですが、治らなければ、参加しないつもりです。

練習1

🌏 パソコンを買いたいんですが、どこに行けばいいですか。

🎤 秋葉原に行けばいいですよ。

練習2

🌏 北京駅へ行きたいんですが、地下鉄の何番線に乗ればいいですか。

🎤 2番線に乗ればいいですよ。

練習3

🌏 餃子を作りたいんですが、肉のほかに何を買えばいいですか。

🎤 小麦粉と野菜を買えばいいですよ。

練習4

🌏 研修のことを聞きたいんですが、誰に聞けばいいですか。

🎤 山田さんに聞けばいいですよ。

基礎会話 4

練習1

🌏 朝ご飯を食べずに会社に行ったんです。

練習2

🌏 電話せずに先生の家を訪問したんです。

練習3

🌏 勉強せずにテストを受けたんです。

練習4

🌏 何も言わずに帰ったんです。

応用練習 1

練習1

🎤 私は日本語の勉強がしたいです。

でも、無理せずに日本語の勉強がしたいです。

先生は「日本のアニメを見ればいいよ」と言いました。

だから、今日からアニメを見ようと思います。

練習2

🎤 私はダイエットがしたいです。

でも、無理せずにダイエットがしたいです。

彼女は「太極拳をすればいいよ」と言いました。

だから、明日から太極拳をしようと思います。

練習 3

🎤 私は故郷の名産品を世界の人々に紹介したいです。

でも、無理せずに紹介したいです。

友達は「宣伝動画を作ればいいよ」と言いました。

だから、今日から故郷の名産品の宣伝動画を作ろうと思います。

応用練習 2

練習 1

🎤 1年生の時、私は日本語が下手でした。

張さんは、単語を覚えるなら教科書をたくさん読めばいいと言いました。

先生は、日本人の友達を作ればいいと言いました。

今はもう日本語が上手になりました。

練習 2

🎤 私のパソコンが古くなってしまいました。

王さんは、パソコンを買うなら秋葉原に行けばいいと言いました。

店員は、Bメーカーのパソコンを買えばいいと言いました。

今はもうBメーカーが大好きになりました。

練習 3

🎤 最近、私は太ってしまいました。

張さんは、痩せたいなら毎日泳げばいいと言いました。

ジムのコーチは、毎日1時間ここで頑張ればいいと言いました。

今はもう痩せました。

第11課

基礎会話 1

練習 1

🌐 ここは学生だと、3割引きになりますよ。

練習 2

🌐 ここは天気がいいと、富士山が見えますよ。

🌐 伊藤さんは夏になると、沖縄に行きますよ。

🌐 ボタンを押すと、チケットが出ますよ。

基礎会話 2

🌐 昼ご飯を食べたら、一緒にテニスをしませんか。

🌐 北京に着いたら、一緒にご飯を食べませんか。

🌐 給料をもらったら、一緒にカラオケに行きませんか。

🌐 夏休みに入ったら、一緒に日本へ旅行に行きませんか。

基礎会話 3

🌐 問題が分からなかったら、どうすればいいですか。
🎤 問題が分からなかったら、研究室に来てください。

🌐 地震が起きたら、どうすればいいですか。
🎤 地震が起きたら、すぐ火を消してください。

🌐 オレンジジュースがなかったら、どうすればいいですか。
🎤 なかったら、コーラを買ってきてください。

🌐 道に迷ったら、どうすればいいですか。
🎤 迷ったら、私に電話してください。

練習1

🌐 頭が痛いんですが。
🎤 薬を飲んだらどうですか。

練習2

🌐 体がだるいんですが。
🎤 少し休んだらどうですか。

練習3

🌐 忘年会の店はどこがいいか分からないんですが。
🎤 雑誌を見たらどうですか。

練習4

🌐 留学するかどうか迷っているんですが。
🎤 鈴木先生に相談したらどうですか。

基礎会話 5

練習1

🌐 痩せたいのですが、どうしたらいいですか。
🎤 毎日ジョギングをするといいですよ。

練習2

🌐 両替したいのですが、どうしたらいいですか。
🎤 市内の銀行で両替するといいですよ。

練習3

🌐 和菓子を買いたいのですが、どうしたらいいですか。
🎤 インターネットで買うといいですよ。

練習4

🌐 市内へ行きたいのですが、どうしたらいいですか。
🎤 3番のバスに乗るといいですよ。

基礎会話 6

練習1

🎤 ドアを開けたら、猫が入ってきたんです。

🔊 机の上を見たら、彼女からの手紙があったんです。

🔊 教室に入ったら、怖い数学の先生がいたんです。

🔊 デパートに行ったら、今日は休みだったんです。

応用練習1

練習1

🔊 彼は日本語の授業をよく休んでいました。
ルームメートは「授業を休みすぎると、卒業できないよ」と言いました。
そこで、彼は授業に出席するようになりました。
最近、日本語が上手になってきました。

練習2

🔊 彼はコーラをよく飲んでいました。
クラスメートは「コーラを飲みすぎると、健康によくないよ」と言いました。
そこで、彼はコーラを飲まなくなりました。
最近、健康になってきました。

練習3

🔊 彼女はショッピングをよくしていました。
彼女のお姉さんは「ショッピングをしすぎると、お金がなくなるよ」と言いました。
そこで、彼女はショッピングをしなくなりました。
最近、お金が貯まってきました。

応用練習2

練習1

🔊 毎学期、テスト1日前にならないと、弟は勉強しません。
私は弟に「今度は1週間前から勉強したらどうですか」と言いました。
「時間があるし、もっといい成績が取れるかもしれないよ」と言いました。
弟は今学期、1週間前から勉強することにしました。

練習2

🔊 毎年、春節になると、兄は故郷に帰ります。
友人は兄に「今度は北京ダックを買っていったらどうですか」と言いました。

「北京ダックはおいしいし、家族も好きかもしれないよ」と言いました。

兄は今年、北京ダックを買って帰ることにしました。

練習3

🎤 毎年、冬休みになると、彼はスキーをします。

私は彼に「大連のスキー場に行ったらどうですか」と言いました。

「大連のスキー場はきれいだし、人も少ないかもしれないよ」と言いました。

彼は今年、大連のスキー場に行くことにしました。

第12課

基礎会話 1

練習1

🌐 私は兄に騙されました。

練習2

🌐 妹は鈴木先生に注意されました。

練習3

🌐 好きな人にデートに誘われました。

練習4

🌐 木村さんは彼氏にプロポーズされました。

基礎会話 2

練習1

🎤 知らない人にお金を取られたんです。

練習2

🎤 泥棒にスマホを盗まれたんです。

練習3

🎤 犬に足を噛まれたんです。

練習4

🎤 母に恋人の写真を見られたんです。

練習1

🎤 ゆうべ友達に来られて、勉強できませんでした。

練習2

🎤 食事中、隣の人にタバコを吸われて、困りました。

練習3

🎤 雨に降られて、びしょ濡れになりました。

練習4

🎤 アルバイトに休まれて、困りました。

基礎会話 4

練習1

🌐 東京タワーはいつ建てられましたか。

🎤 1958年に建てられました。

練習2

🌐 この工場では、どんなものが作られていますか。

🎤 テレビやラジオなどが作られています。

練習3

🌐 中国では、何という新聞がよく読まれていますか。

🎤 A新聞やB新聞などがよく読まれています。

練習4

🌐 中国ではどんな所がよく知られていますか。

🎤 北京オリンピックスタジアムや万里の長城などがよく知られています。

基礎会話 5

練習1

🌐 明日試験があるのに、市内へ遊びに行きました。

練習2

🌐 王さんは日本に3年いるのに、日本語はあまりできません。

練習3

🌐 宿題があるのに、テレビを見ています。

練習4

🌀 風邪を引いているのに、薬を飲みませんでした。

応用練習 1

練習1

🎤 私はテレビを壊しました。
私は父に叱られました。
母にも叱られました。
とても悲しかったです。

練習2

🎤 私はスリにあいました。
私は財布を取られました。
携帯電話も取られました。
とても残念でした。

練習3

🎤 私は交通事故を見ました。
私は警察にいろいろ聞かれました。
近所の人にもいろいろ聞かれました。
とても大変でした。

応用練習 2

練習1

🎤 彼は元気がありません。
鍵を壊されて泥棒に入られたからです。
彼はパソコンをとられました。
今日パソコンが必要なのにパソコンがありません。

練習2

🎤 彼は疲れています。
隣の学生に騒がれて眠れなかったからです。
彼は1時から5時まで騒がれました。
今日デートがあるのに元気がありません。

練習3

🎤 彼はとても痛そうです。
犬に噛まれて怪我をしたからです。

彼は足を噛まれました。

今日サッカーの試合があるのに参加することができません。

第13課

基礎会話 1

練習1

🎤 お母さんは娘に部屋を掃除させました。

練習2

🎤 先生は子供たちに絵を描かせました。

練習3

🎤 先生は学生にハンバーガーを作らせました。

練習4

🎤 先生は学生に交通ルールを覚えさせました。

基礎会話 2

練習1

🎤 先生は学生を帰らせました。

練習2

🎤 お父さんは息子を買い物に行かせました。

練習3

🎤 お母さんは娘を英会話教室に通わせました。

練習4

🎤 先生は学生を自分の席に座らせました。

基礎会話 3

練習1

🎤 お姉さんはおもしろい話をして、妹を笑わせました。

練習2

🎤 お母さんはケーキを作って、子供たちを喜ばせました。

練習3

🎙️ お兄さんは怒って、弟を泣かせました。

練習4

🎙️ 唐さんは林さんに文句を言って、林さんを怒らせました。

▶ 基礎会話 4

練習1

🌐 トイレは、どう行けばいいでしょうか。

🎙️ 矢印のとおりに行ってください。

練習2

🌐 この紙は、どう切ればいいでしょうか。

🎙️ 教えたとおりに切ってください。

練習3

🌐 この料理は、どう作ればいいでしょうか。

🎙️ 料理の本に書いてあるとおりに作ってください。

練習4

🌐 このケーキは、どう作ればいいでしょうか。

🎙️ テレビ番組で見たとおりに作ってください。

▶ 応用練習 1

練習1

🎙️ 先週上司は部下の私たちに仕事をさせました。

しかし、私は仕事が全然できませんでした。

私は部長をすごく困らせました。

次は困らせないようにします。

練習2

🎙️ 母は私に買い物をさせました。

しかし、私はパンを買い忘れました。

私は母をすごく怒らせました。

次は怒らせないようにします。

練習3

🎙️ 先輩は私に翻訳をさせました。

しかし、私は全然できませんでした。

私は先輩をがっかりさせました。

次はがっかりさせないようにします。

応用練習 2

練習 1

🎤 明日のテストは私にとってとても大事です。

先生は私に対してとても親切に勉強を教えてくれました。

先生の言うとおりにすれば問題ないと思います。

先生のためにも頑張ります。

練習 2

🎤 明日の会議での発表は会社にとってとても重要です。

上司は私に対してとても熱心に発表のやり方を教えてくれました。

上司の言うとおりにすれば問題ないと思います。

上司のためにも頑張ります。

練習 3

🎤 明日の面接は私にとってとても大切です。

先輩は私に対してとても親切に面接のやり方を教えてくれました。

先輩の言うとおりにすれば大丈夫だと思います。

先輩のためにも頑張ります。

第14課

基礎会話 1

練習 1

🌐 すみませんが、写真を1枚撮らせてもらえませんか。

練習 2

🌐 すみませんが、早く帰らせてもらえませんか。

練習 3

🌐 すみませんが、もう1回聞かせてもらえませんか。

練習 4

🌐 すみませんが、1日休ませていただけませんか。

基礎会話 2

練習 1

🎧 うちの子が書道を習いたいと言っているんですよね。

🎤 そうなの。だったら、習わせてあげたら。

練習 2

🎧 うちの子が餃子を作りたいと言っているんですよね。

🎤 そうなの。だったら、作らせてあげたら。

練習 3

🎧 うちの子が部活をやめたいと言っているんですよね。

🎤 そうなの。だったら、やめさせてあげたら。

練習 4

🎧 うちの子が旅行に行きたいと言っているんですよね。

🎤 そうなの。だったら、行かせてあげたら。

基礎会話 3

練習 1

🎧 すみません。私を行かせてください。

練習 2

🎧 すみません。私に案内させてください。

練習 3

🎧 すみません。私にやらせてください。

練習 4

🎧 すみません。私に考えさせてください。

基礎会話 4

練習 1

🎧 子供のとき、よくお母さんに野菜を食べさせられましたよ。

練習 2

🎧 子供のとき、よくお母さんに本を読まされましたよ。

練習 3

🎧 子供のとき、よくお母さんに勉強させられましたよ。

🌏 子供のとき、よくお母さんに買い物に行かされましたよ。

応用練習 1

🎤 先生はとても優しい人です。

私を学会に出席させてくれました。

研究室を自由に使わせてもらっています。

大学はとても楽しいです。

🎤 部長はとても優しい人です。

私を大きいプロジェクトに参加させてくれました。

仕事を自由にさせてもらっています。

仕事はとても楽しいです。

🎤 彼氏は優しい人です。

私を彼の両親に会わせてくれました。

車を自由に使わせてもらっています。

彼といるのはとても楽しいです。

応用練習 2

🎤 私は店長に昼ご飯を買いに行かされました。

歌を歌わされたこともあります。

私が店長になったらそんなことはさせません。

いい店長になりたいです。

🎤 私は母に英語の塾に行かされました。

ピアノを習わされたこともあります。

私が母親になったらそんなことはさせません。

子供の意見を尊重する母親になりたいです。

🎤 私は社長に子供を迎えに行かされました。

ペットの散歩をさせられたこともあります。

私が社長になったらそんなことはさせません。

いい社長になりたいです。

第15課

基礎会話 1

練習1

🎤 音楽の先生がお弾きになりました。

練習2

🎤 部長がお飲みになりました。

練習3

🎤 社長の奥さんがお買いになりました。

練習4

🎤 課長がご出席になりました。

基礎会話 2

練習1

🌐 あのニュースはご覧になりましたか。

練習2

🌐 先生、お菓子をお召し上がりになりましたか。

練習3

🌐 新しい商品の名前をご存じでしたか。

練習4

🌐 部長は今夜の食事会にいらっしゃいますか。

基礎会話 3

練習1

🌐 先生は週末に釣りをされますか。

練習2

🌐 新しい先生は来月に来られますか。

練習3

🔊 部長は土曜日から日本へ帰られますか。

練習4

🔊 先生は友人と一緒に旅行に行かれますか。

基礎会話 4

練習1

🎤 今度私の故郷をご案内いたします。

練習2

🎤 来週私の店にご招待します。

練習3

🎤 そのカバンをお持ちします。

練習4

🎤 このパソコンの性能をご紹介いたします。

応用練習 1

練習1

🎤 こちらはうちの会社の社長です。
社長は毎朝9時に会議をなさいます。
会議で社長は1日のスケジュールをお決めになります。
会議の後、お客様とお会いになります。

練習2

🎤 こちらは部長の奥様です。
奥様は朝7時にお子さんを学校までお送りになります。
その後、職場へいらっしゃいます。
夕方5時にお子さんをお迎えになります。

練習3

🎤 こちらは私のお客様です。
お客様は毎月一回当店にいらっしゃいます。
来店時に新商品をご試着になります。
その後、好きなものをお買いになります。

練習 1

🔊 おとといオフィスで上司にお目にかかりました。

上司はプレゼンテーションをご用意になっていました。

上司は忙しそうだったので、

お手伝いしました。

練習 2

🔊 先月電気屋で社長の奥様にお目にかかりました。

奥様はカメラをご覧になっていました。

カメラの機能は複雑そうだったので、

ご説明しました。

練習 3

🔊 午前中キャンパスで日本人の先生にお目にかかりました。

先生は国際交流センターをお探しになっていました。

道探しは大変そうだったので、

ご案内しました。

第16課

基礎会話 1

練習 1

🌐 こちらにお並びください。

練習 2

🌐 こちらからお取りください。

練習 3

🌐 こちらの説明書をお読みください。

練習 4

🌐 こちらの書類にご記入ください。

基礎会話 2

練習 1

🔊 本をお貸しいただけませんか。

🎙 日曜日にご講演いただけませんか。

🎙 鈴木課長にお伝えいただけませんか。

🎙 私にお任せいただけませんか。

基礎会話 3

🔊 日本の方でいらっしゃいますか。

🔊 鈴木先生は授業中でいらっしゃいますか。

🔊 李さんはお休みでいらっしゃいますか。

🔊 ご専門は日本文学でいらっしゃいますか。

基礎会話 4

🔊 詳しくご説明いただき、ありがとうございました。

🔊 お菓子をお送りいただき、ありがとうございました。

🔊 推薦状をお書きいただき、ありがとうございました。

🔊 お仕事をお引き受けいただき、ありがとうございました。

応用練習 1

🎙 皆様にご連絡申し上げます。

今日の会議は3階の会議室で行う予定です。

ご参加くださる方は、15時に会議室にお集まりください。

皆様のご参加をお待ちしております。

練習 2

🎤 皆様にお知らせ申し上げます。

来月のコンサートは大学の講堂で開く予定です。

お越しくださる方は、20日の18時に講堂にお集まりください。

皆様のお越しをお待ちしております。

練習 3

🎤 皆様にご連絡申し上げます。

今年の歓迎会は市内のレストランで行う予定です。

お申し込みくださる方は、週末までに私までお知らせください。

皆様のお申し込みをお待ちしております。

応用練習 2

練習 1

🎤 ただいまご紹介に預かりました王でございます。

私の出身は中国で、一年前に日本に参りました。

休みの日には、家で中国料理を作っております。

食べることがお好きな方は、どうぞ声をおかけください。

練習 2

🎤 さきほどご紹介に預かりました田中でございます。

私の出身は北海道で、先月東京に参りました。

時間があるときには、近所をジョギングしております。

走ることにご興味をお持ちの方は、どうぞ声をおかけください。

練習 3

🎤 先ほどご紹介に預かりました李でございます。

私の出身は大連で、9月に日本へ留学に参りました。

授業がない日には、よく喫茶店で勉強しております。

素敵な喫茶店をご存じの方は、どうぞ声をおかけください。